社会秩序無価値説の構想

中 野 正 剛 著

成 文 堂

本書を愛娘 珠麗 に捧ぐ

はしがき

　本書は先に上梓した拙著『未遂犯論の基礎─学理と政策の史的展開』（成文堂、2014年）以降発表した論攷の一部に、加筆補正のうえ纏めたものに過ぎない。そこで得たフランス刑法学の権威オルトランの犯罪論から学んだことの一部にヒントを得て、わたくしはこれまで刑法の魂柱に明確性の原則と国民の法確信の尊重と法の公平な適用とを据えてきた。これらはともに、民主主義刑法学の精華である。

　本書では、オルトランの示した所論に導かれて実質的違法論における社会秩序無価値説なる新たなアプローチを提案している。これは、違法性論における結果無価値説と行為無価値説のスキームで位置づけると結果無価値説に位置づけられる。しかし、結果無価値説が根ざす法益侵害説に直接その根拠を求めることはしていない。というのも、法益侵害＝違法ではないと考えるからである（なお、松宮孝明『先端刑法総論』日本評論社2019年55頁）。奇妙なことに、我が国の刑事違法性論では、必ずと言ってよいほど『法益侵害』に言及がなされる。これはドグマではないかとわたくしは考えている。たとえば、正当防衛を考えてみれば明らかであろう。そこでは明白に相手方に対し『法益侵害』が認められるにもかかわらず違法性がないとされるからである（刑法36条1項）。また、正当防衛の観念も時代と地域によって動くとも考えられる（たとえば、前田雅英『刑法総論講義』7版東京大学出版会2019年253頁註4などは同じ趣旨か）。社会秩序無価値説は時代と地域により変動する社会秩序を本質とする。この秩序の本体である「社会」をどのように定位するかは大きな問題である。わたくしはさしあたり国家と国民との関係を規律する現行憲法典の想定する価値、つまり個の尊厳が重要であると認識するにとどまる（個の尊厳という観念はわたくしの前任者であられる垣花豊順先生の著書の一つ『個の尊厳について』東京布井出版1998年におうている）。

　犯罪者と呼ばれるひとも、憲法の下では等しく個として尊重される。すなわち、犯罪も人の行為であると位置づけるのならば、立法者の規定する犯罪

も人の行為であるはずなのである。ならば、犯罪とは、「人の自由意思的行
為」と刑法の価値観との対立・矛盾の関係にこそその違法性の実質が求めら
れると述べてはいいすぎであろうか（この叙述のヒントはわたくしが日頃尊敬する
同学の同僚から賜った私見に対するコメントを下敷きにしている）。従来の犯罪論では
後者の刑法の価値観を自明の理（法益の侵害）と位置づけ、違法性の本質を
もっぱら前者の性質の解明に気を取られすぎてはこなかったであろうか。違
法性の実質を法益侵害とはなにかを現に行われたその行為やその結果の中に
はじめから内在していると位置づけることはもちろん大切なことではある
が、本書では行為や結果の中ばかりに違法性の実質を求めようとする姿勢に
微調整を加えんとする立場をとる。すなわち、法益侵害もしくはその危険と
評価を受ける社会秩序のありように こそ、メスを我々は入れなければならな
いのではあるまいか、という問題意識をもってこれまで研究を加えてきた。
同学の先輩はこうした私見の立場を的確にも法的評価の客体のみならず、法
的評価の主体にも光をあてた構想であると位置づけてくださった。現にある
社会秩序と刑法が介入することによってこの社会に惹起されるべき社会秩序
とのいずれかを我々は主体的に選択する術をこの社会秩序無価値説は与えた
のだと述べれば、言いすぎであろうか。

　こうした社会秩序を基礎に置く考えはわたくしの創見に何らかかるもので
はない。直接はオルトランによるものであるが、遠くはわたくしが修士課程
で勉強を始めた頃、指導を仰いでいた元東京高裁刑事部総括判事岡村治信先
生（高輪1期）からうけた助言であった。『そうはいうけどね、中野君。裁判
官は実定法規の解釈適用を通して、じっさいには現在妥当している社会秩序
の有り様こそ問題にしている。法益も結局のところは社会秩序とはなにかを
明らかにするための道具の一つに過ぎないのではないかね。』との教えを受
けたことが大きいことを告白せざるを得ない。実定法規から学んだのは緊急
避難（刑法37条）の規定ぶりそのものである。なお、こうしたアプローチに
似た所論として社会状態無価値説がある。これは、沢登佳人先生と澤登俊雄
先生の提唱されていたものだが、そこでは宇宙超出論が独特の基礎を与えて
いる。わたくしは、実定法の研究者の端くれでこそあれ、森羅万象、理論物

理学一般をも解する博学才穎ではない。学生時代に、そのことを生前の澤登先生に率直に告げたところ、哲学のないお前の考えは社会状態無価値説とはまったく別のベクトルを持つ所論なのであって、社会秩序無価値説と称すればよいと批評された経緯のあることも告白せねばなるまい。

　とはいえ、法のめざす役割とはいったい何なのか。今を生きる我々は法に何を期待するのか。こうした法の根本を事案に即して絶えず具体的に見つめ直す力こそ大事なのだとこれまでお世話になった先生方から教わった。だからこそ現在在る国民の法確信こそは尊重され続けねばならないのである。その成果の一つがこの社会秩序無価値説なのであると述べれば言い過ぎであろうか。

　さいごに、本書に示される思考につき同学の大先輩からいただいた私見へのコメントを記して締めの言葉としたい。いわく、所説で語られていることは社会秩序の中に功利主義と規範主義を包摂した内在的『財』（goodness）を構築するという考え方であるのではないかと。功利主義とはオルトランに言わしめれば、utilitéを意味し、規範主義とは同じくオルトランに言わしめればjusticeを意味する言葉であると解している。

　これまで日本刑法学会九州部会や刑法読書会、そして現代刑事法研究会をはじめとする研究会に集う先輩同僚や折に触れてお世話になった先輩や同僚の先生方には衷心より感謝を申し上げる。序章と第四章とは日本刑法学会九州部会での研究報告（2022年）、第一章は、日本刑法学会大会での個人研究報告（2015年）の記録（質疑と応答）であり、第二章と第三章とは現代刑事法研究会（2018年）での研究報告をベースにしている。第四章の元となった原稿には質問を受けて事例を入れ替えている部分がある。各章で参照させていただいている先達の著書、論説は原著執筆時のものである。時間的余裕のないこともあり更新できなかった。各著者の先生方には非礼をおわびするとともに、読者の御寛容をお願いしたい。そして、私見の内容について御叱正を賜りたく願っている。

　これまで豊富な研究資料を残してくれた父、そして、こうした資料を基に

してまとめた博士論文を審査して下さった我がドクトル・ファーターである新倉修先生、副査として関与して下さった澤登俊雄先生、小林宏先生（日本法史学）、論文博士審査に当たり推薦人になって下さった横山實先生、また学部のゼミでお世話になった高橋則夫先生に感謝の意を表したい。

　今回も成文堂のお世話になった。本書の出版をこころよくお引き受けくださった阿部成一社長と編集部の篠崎雄彦氏に衷心より感謝申し上げる。

2023年10月20日　　　　　　　　　*Je pense, donc je suis.*

中　野　正　剛

［付記］本書は沖縄国際大学研究成果刊行奨励費の助成により出版する。

収録論文初出一覧

「社会秩序無価値説の構想」沖縄法学第51号（2023年）

「オルトランの未遂犯論」刑法雑誌55巻2号（2016年）

「不能犯論・覚書―末道書評を契機として―」川端博＝浅田和茂＝山口厚＝井田良編
　　『理論刑法学の探究⑩』（成文堂、2017年）

「不能犯論　客観的危険説を基点とした多元的不能犯論」酒井安行＝中野正剛＝山口直
　　也＝山下幸夫編『国境を超える市民社会と刑事人権』新倉修先生古稀祝賀（現
　　代人文社、2019年）

「期待可能性についての覚書―「法は不能を強いない」垂水補足意見を契機として―」
　　山口厚＝酒巻匡＝大澤裕＝川出敏裕編『寺崎嘉博先生古稀祝賀論文集　下巻』
　　（成文堂、2021年）

目　次

第4章　期待可能性についての覚書
──「法は不能を強いない」垂水補足意見を契機として──

序　章

社会秩序無価値説の構想

一　はじめに

　わたくしは、これまで未遂犯論について研究を重ねてきた。未遂犯論への関心は学部在籍時にさかのぼる。

　刑法総論の講義を聴いたのが40年ほど前、当時広島高裁長官を定年により退職せられ大学で教鞭をとられていた矢崎憲正教授の刑法総論である。わたくしは、その講義を聴きながら、まずその講義の冒頭で教授が「犯罪とは構成要件に該当して違法でかつ有責な行為である」と述べられたことに対して頗る奇異なことと感じられてならなかった。

　そもそも、有責な行為とはいったい何を意味するのか。責任とは行為をなした人（Person）、すなわち行為者に帰属するものであって、「行為」になぜ帰属するのか。

　また、未遂犯の説明を聞いても理解が行き届かなかった。未遂犯とは、そもそも既遂犯罪の仕損ないである。旧刑法112条では舛錯と言葉が充てられていた。これが処罰されるのはどういった根拠によるのか。法益侵害の危険が発生しているのだから危険犯として処罰するのであると説明されていた。だがしかし、危険犯とは行為者が意図していた一定の危険の発生した既遂犯であるのが道理ではなかろうか。たとえば、放火の罪（刑法108条、109条1項）は危険犯の代表であり、そこでも未遂を処罰する規定（刑法112条）があるが、これは何を意味するのか。

　つぎに、期待可能性の理論とは過酷な処罰から行為者を開放する安全弁なのだと説明を受けた。また同時に責任主義の説明も受け、この原理と相まっ

て、行為者自身や一般人を基準に置いて適法行為を期待するのが可能か否か
を考えて無罪となるべき場合も学説によればあるのだとも説明を受けた。責
任にそこまで規範的な価値評価を置いてしまって果たして妥当なのか疑問を
抱いた。同時に、その基盤にある規範的責任論にも強い違和感を抱き続けて
いるのである。なぜならば、その前提に置かれている人間像が証明困難な自
由意思を前提に構成されているからである。近年の脳科学の進展を見てもこ
のことは明らかではないか。

　さいごに、共犯の体系的地位についてである。我が国の伝統的な犯罪論、
すなわち三分類体系によれば、共犯は構成要件でその修正形式として処理さ
れているのが一般である。だがしかし、それは果たして妥当なのであろう
か。我が国では正犯が存在して、それに関与する犯罪類型として共犯が位置
付けられる。これは帰責の一態様だとみることもできるのではあるまいか。
すなわち、犯罪行為論としてではなく、行為者論（帰責）としての位置づけ
のほうが自然であるとも思われる。

　わたくしのこれまでの研究生活ではこの4つの点の解明に勢力が注がれ
た。

　さて、本書はこのうち2番目に掲げた未遂犯論の研究の基礎となる実質的
違法性論の研究である。

　先に上梓させて戴いた拙著『未遂犯論の基礎』（成文堂、2014年）では、黎
明期日本に初めて継受されたフランス近代刑事法理論が「危険」という観念
を使わずに未遂犯論を構築していた点を指摘した（同書330頁）。この研究で
注目したのはオルトランの採った犯罪論である。オルトランは、フランスの
新古典学派を代表する理論家である。彼は、当時のフランスの刑法学者と同
じく違法性論を知らなかったが、その講義録（Éléments de Droit Pénal, 1855）
のなかで明確に可罰性の礎として社会的害悪（mal social）という観念を使用
した。これはさらに2つに分かれ直接的害悪（un mal direct）と間接的害悪
（un mal indirect）とに分析されている（op.cit., n°s 957 et s..）。前者は通常我々が
違法性の本質について語るとき使用される法益の侵害に対応する。後者は効
用（utilité）を含意し社会秩序の変動を意味し、そこでは民衆による政府の犯

罪統制活動への信頼の確保も含まれている（詳細は本書15頁以下、さらに25頁註13（初出・中野正剛「オルトランの未遂犯論」刑法雑誌55巻2号38頁以下、さらに47頁補註）を参照）。そこから、次に述べる社会秩序無価値説へとつながる構想を得た。

二　社会秩序無価値説について

　本章で述べるのは、刑法における実質的違法性論における社会秩序無価値説という考え方である。これは、伝統的な、法益侵害説、規範違反説の枠組みとはやや異なり、利益衡量説とでもいうべき所論である。
　ここに法の女神ユースティティアの塑像があったとしよう。彼女は両目をたすきで隠し、剣を片手に持ちながら他方の手で「天秤」を持っている。この社会秩序無価値説の構想はユースティティアの塑像に類似している。法の不平等な適用を封じるために目隠しを施されている女神こそは裁判官その人であって、手にしている天秤こそ社会秩序無価値説を象徴している。これは我が国の刑法立法作業に礎を与えたフランス新古典学派の大成者J.L.E.オルトランの社会功利主義（折衷主義）という概念を基礎に置く。

三　犯罪評価と違法性の実質についての管見

　そこで、次のごとき考え方もあるいは一考の余地があるまいかと思うのである。
　すなわち、従来の犯罪論では、それが行為無価値論に基盤を置くものであれ、結果無価値論に基盤を置くものであれ、違法性の実質とは行為やそこから生じた結果（危険性）じたいにアプリオリに備わっているものと考えられてはこなかったであろうか。その意味で評価者（刑法）の主観と無関係に存在する、非違性を「発見する」ことだと考えられてはこなかったであろうか。熱水の熱さはその熱エネルギーが熱水に本来的に備わっているのだから、人がそれにふれて熱水を熱いと感じるのは、絶対的に存在する熱さを

「発見する」ことであると考えるように。

　従来の犯罪論では、犯罪評価の構造を論じるのに、評価主体である刑法そのものの構造にはふれないで、おもに評価客体である行為ないし結果の違法性を問い、無価値性を直接に行為や結果自体の中にあるはずの要素のなかに見いだそうとつとめているように思われる。そして、多数の学説は、行為が引き起こす結果の中に直接行為の無価値性があると考え、これを法益侵害ととらえるようである。例を示せば、ナイフで人を刺し殺す行為（殺人罪）の違法性は、ナイフで人を刺す行為が惹起する結果である被害者の死亡という事実の中に直接発見され、人の死亡は「人の生命」という法益の侵害にほかならないので、当該行為は法的に無価値の評価、すなわち違法と評価されるのである、とするように。これが、こんにち結果無価値論、行為無価値二元論の基礎である法益侵害説の発想であり、違法性の実質を法益侵害の中に見ようとするものであると思う。

　だがしかし、実際には、法益を侵害しているとは思われない犯罪現象がある。未遂犯には法益の侵害はない。法益侵害に向けられた危険（蓋然性）があったとは評価できるが、それは原則的には、行為の当時すべての事情に通暁していない人がそう思うだけで、結果の不発生が明らかにされた後には、遡及して行為の当時にすでに法益侵害の危険性（蓋然性）は存在していなかったことが実際に証明されたことになる。未遂はすべて不能犯であるとも評されるゆえんである。現在どのような不能犯の理論を取る者といえども迷信犯は不能犯であることに異論はみあたらない。しかし、昔呪詛によって人を殺すことが可能だと信じられていた時代には、丑の刻詣りも犯罪として処罰されていた。現に、旧刑法制定前の新律綱領、巻三、人命律上にみえる魔魅人によれば呪詛も殺人行為に数えられていた。だが、現在では呪詛を殺人行為として取り扱う者は誰もいない。未遂の違法性は、その行為の中にアプリオリにあるのではない。時代の変化とともに柔軟に変化するのである。

　逆に、明らかに法益を侵害しているにもかかわらず、行為が適法と評価される場合がある。その場合の１つに数え上げられるのが、正当防衛である。これなどは、犯罪の無価値性は、本来当該行為自身の中に、あるいはその行

為から生じた当該結果のうちに客観的事実として備わっているということを
出発点として議論が構築される。

　この出発点には疑問がある。犯罪の無価値性はその行為、その結果そのも
のが備えている性質にあるという考え方ではなく、その時その場所でその人
格状況のもとで刑法がなすべきである／なすべきでないとされる行為（甲）
と実際に行われた行為（乙）との両立不能性にあるという考え方にも一瞥し
てみる余地はないであろうか。

　すなわち、犯罪の無価値性という評価は、乙そのものが本来備えている性
質ではなく、乙の甲に対する存在論的関係性の中に存在すると解するわけで
ある。つまり、乙自身は同じであっても、甲が違えば、乙の価値無価値評価
は異なることがあり得る。たとえば、井戸の水は血行のよい手には冷たく感
じられるが、かじかんだ手には温かに感じられるように。冷暖は水に本来備
わった性質ではなく手の状態との相互関係から、脳に刺激が伝達された結果
にすぎない。

四　犯罪評価にあたり注意しなければならないこと

　①　人の自由意思的行為は、それがたとえ違法行為であると呼ばれるもの
であれ、すべて行為者にとって自己の実現としておこなわれる。犯罪とする
のかしないのかは、刑法（評価者）の価値観にある。たまたま刑法の価値と
衝突する場合が犯罪であるにすぎない。憲法13条に依ればすべて人は個人と
して尊重されなくてはならないので、すべての行為は、他者の利益を侵害し
ない限り尊重されなくてはならない。道徳的にどんな非違行為であれ。そこ
で、「ある状況の下で、人が価値ありとして選択し現実に行った行為」と、
「同じ状況のもとで、法が行うべき（価値あり）だと認めた行為」とが両立で
きないとき、その現実に行われた行為を「犯罪」と呼ぶ。すなわち、犯罪評
価とは、ある具体的な状況を前提として、行為者の価値観と刑法の価値観と
が矛盾することにすぎない。

　②　この場合、行為者の価値観と刑法の価値観とは両立しないだけであ

り、後者が前者に優越するのではない。なぜならば、刑法の価値判断も所詮は人の価値判断（一般意思）にすぎない。ゆえに、違法性は、犯罪行為や結果（危険を含む。以下同じ）それ自体にもともと内在する性質ではない。違法性を、行為や結果それ自体が持つ非違性として説明するのは妥当ではない。

　③　犯罪行為は、ある具体的な状況を前提とした行為者と刑法との価値観の対立であるが、その状況には、行為状況と人格状況（責任能力）とがある。このうち行為状況は、その行為についてのみ固有のものではなく、およそ一般化して評価することができるものであるが、刑法は、社会秩序に影響する全ての行為に対し、平等に妥当する規範（評価規範）であるから、行為状況として、刑法の考慮の対象になる。これに対し、人格状況はその行為者に固有のものであり一般化できないが、刑法は現実の行為者に対し命令禁止し一定の行為を刑罰威嚇により強制する規範だから、その行為者の固有の人格状況の下で一定の行為を強制出来るか否かを考慮しなければならない。

　このように、犯罪評価には、2つの局面がある。その第1の局面は、「その種の行為状況の下で一般に人はいかに行為すべきか」と考える一般化的判断の局面であり、これが違法評価。そして第2の局面は、「その特殊な人格状況の下で行為者は右の行為を現実になし得るか」を考える個別化的判断の局面であり、これが責任評価であると考えることが可能であろう。

五　違法評価の局面について重要な事柄

　①　刑法は社会秩序の維持を任務とし、犯罪は社会秩序に違反する行為である。憲法の構想する個人主義社会の下では、社会秩序は社会生活における個人的利益の安全がもっとも確保されている状況であるから、犯罪評価の原点そして礎は、社会生活における個人的利益の侵害（以下、一般の用語例に従い実害と呼ぶ）に置かれる。

　②　実害発生に対して2つの要請が生じる。一方は、将来を展望して、この種の事が再度起こらないようにという要請。他方は、一度生じてしまったことに対する事後的処理の要請である。そこから刑罰には次の効果が期待さ

れ、それが刑罰制度を支える存在理由とされる。一方は一般的犯罪予防効果であり、他方は社会感情（治安感情と応報感情）を満足治癒させる効果である。

③　ここで、一般的犯罪予防効果を発揮させることが刑法の任務として重要であるとするならば、次のように考える必要があろう。既に実害を生じさせてしまった当該行為だけを犯罪として処罰しても意味がない。実害を生じさせる危険性を持った行為を一般に犯罪として規制する必要が生まれる。すなわち、実害の生じる危険性のある行為が一般に放任された場合に予想される社会秩序は、すでに社会秩序の維持された状態とはいえないからである。こうした発想は、オルトランの間接的結果（un mal indirect）からえられたものである。ゆえに、このように考えることもあるいは可能であろう。刑法が、「その種の行為状況の下で一般に人は如何に行為すべきか」を評価する際の判断の内容は、「その種の行為が一般に許容された場合に生じるであろうと予測される社会秩序」と、「その種の行為が一般に禁止された場合生じるであろうと予測される社会秩序」とのコスト・ベネフィットを比較考量して、どちらが憲法の想定する個人主義社会の維持存続にとり、すなわち個人の尊重にとり価値的か、ということである。そのため、刑法にとり無価値であるのは、個々の行為から現実に生じる個々の結果、すなわち法益侵害の結果そのものにあるのではなく、その種の行為が一般に惹起する社会秩序である。法益侵害は犯罪評価の原点であることに疑いはないが、個々の行為から現実に生じた法益侵害の結果そのものを結果無価値として説明するのはやや窮屈であろう。

④　犯罪の中には、未遂犯、危険犯、形式犯のように法益侵害結果を伴わないのに一般に違法とされたり（現実に法益侵害の危険のない場合でも未遂犯や危険犯として処罰されるケースがある）、明らかに法益侵害結果が生じているのに適法とされたり（相当因果関係を欠く場合や許された危険の場合）する場合を考えれば、法益侵害そのものは、違法性の実質ではないといえるのではなかろうか。ただし、違法判断の原点であることに疑いを挟むものではない。

⑤　それならば、なぜ刑法上、既遂犯、侵害犯、実質犯の処罰が原則的で、未遂犯、危険犯、形式犯の処罰が例外的なのであろうか。その第1の理

由は、社会感情の満足が一般的犯罪予防効果と並んで刑罰の重要な機能、し
たがってその存在根拠とされていることにあると考える。つまり、実害が生
じた場合に初めて社会感情の満足が事後に要求されるからである。一般に既
遂の刑が未遂の刑よりも重いのは両者の間に違法性に差異が認められるから
ではない。もし、違法性の違いだとするならば、違法性の実質を、両者の間
で別々に二元的に説明しなければならなくなろう。そして第2の理由は刑法
の謙抑性に求められるべきであろう。犯罪は実際上構成要件的結果の発生を
契機に発覚することが多い。過失犯は特にそうであろう。またたとえ発覚し
ても、未遂犯、危険犯、一定の挙動で終わったものについて、現実に明確な
被害が生じていないばあいには当事者も処罰をそれほど望まないし、政策上
特に重大な場合以外は黙過したほうがよいと思われる。

　⑥　故意過失は違法要素かという問題がある。これについては、「違法性
の実質は個別の行為から惹起される若しくは惹起された結果の法益侵害性に
あるのではなく、個々の行為と同じ種類に属する行為の全体によって、（そ
れが一般に法的に許容されたのならば）惹起されるであろう社会秩序の無価値性
にある」という立場に立てば、故意犯と過失犯とでは、予想される社会秩序
の無価値性に格段の差があるから、故意過失は違法要素に含められるべきで
ある（さらに、責任要素でもあるかについては別途論じる）。

　このような考え方に妥当性があるとするならば、次のように犯罪の違法性
を評価すべきであろう。

　犯罪の無価値性とは、現実になされた行為や結果そのものがもともと備え
ている性質ではなく、これと刑法がなすべきであると考える行為とが矛盾し
両立しないという関係性の中に存在する。

　すなわち、評価の対象である現実になされたその行為（乙）の構造だけで
はなく、評価の主体である刑法それ自体の予定する行為（甲）の構造の分析
である。

　そこで、この視点から、ふたたび、甲の構造を考えてみよう。行為が違法
かどうかは、評価の対象である個々の行為の法益侵害性によっては決まらな
い。違法評価は評価対象である行為の個別の侵害性にあるのではなく、その

行為と同じ種類の時間的場所的状況下に選択される同じ種類の動作、言い換えればその行為と同様の型の目的措定的意味関連を持つ行為をもし一般に放任したとしたら生じるであろう、社会秩序の紊乱の如何にしたがって、その行為がなすべき行為なのか否か（つまり違法か否か）を決めるのである。

　その背景は次の通りである。

　刑法規範は同じ種類に属するすべての行為に対し常に同じ型態で一般化的に妥当しなければならない。換言すれば、ある行為を「なすべし」と決めたらその行為と同様のあらゆる行為も平等に全部「なすべし」とし、逆に「なすべからず」と決めたら全部に「なすべからず」としなければならない。つまり、行為（そこから生じた結果）のひとつひとつをその個別の特殊事情を考慮に入れて評価し「これはなすべきだ」が「これはなすべきでない」というように評価をまちまちにするわけにはいかない。評価がまちまちになれば、その人だけにとっての行為の基準としてはともかく、万人の遵守すべき行為の基準としては役に立たない。そこで、行為がなすべきものか、なすべからざるものかは、行為のひとつひとつにつき個別に定めるのではなく、その種の行為の全体について妥当するものとして一律に定めなければならず、したがってその種の行為を一般に放任したら社会はどうなるか、一般に禁止したらどうなるかを衡量し、両方を比較して当該社会のためによい方を選ばなければならないのである。かくて、刑法は、行為の違法適法を評価するに際し、その行為から直接生じる結果が法益侵害にあたるか否かを基準にするのではなく、その行為と同種の行為を一般に放任するとしたら生じるであろう社会秩序の状態が、その行為と同種の行為を一般に禁止したとしたら生じるであろう社会秩序の状態よりも、悪い状態か否かを基準にして、悪い状態ならば違法、変わらないかまたはよい状態ならば適法、と評価するのである。そして、同じ違法でも、両社会秩序の良さ悪さが著しく異なる場合には違法性が大きく、それほどの差がないときには小さく、評価する。こうして違法性には大小の程度が付けられることになる。

　それゆえ、違法性の有無大小は、その行為から直接生じる個別の結果のもたらす法益侵害の大小とは必ずしも対応しない。

<h2 style="text-align:center">六　おわりに</h2>

　このような考え方を下敷きに、わたくしはこれまで未遂犯論に関する一連の拙稿を著わしてきた。たとえば「不能犯論・覚書」（川端博ほか編『理論刑法学の探究⑩』（成文堂、2017年）［本書第2章］、「不能犯論」（酒井安行ほか編著『新倉修先生古稀祝賀論文集　国境を超える市民社会と刑事人権』（現代人文社、2019年）［本書第3章］など。

　さらに、従来の期待可能性論についても批判的に考察を加えた。それが、「期待可能性論についての覚書」（山口厚ほか編『寺崎嘉博先生古稀祝賀論文集　下巻』（成文堂、2021年）［本書第4章］である。そこでは、期待可能性を責任論で論じることで、さまざまな問題を生じさせてきた状況を打開するため、期待可能性論を構成要件該当性や量刑論に分割し、さらに違法性に落とし込むことで解決しようと試みたものにすぎない。その際に、従来の法益侵害説や規範違反説にスキームを置くのではなく、社会秩序無価値説を利用することで、実質的違法性論を再構築することによって違法性阻却事由のひとつとして期待可能性論を再構成しようと試みた。

第1章

オルトランの未遂犯論

一　本章の目的と視点

1　はじめに

　未遂犯論にはさまざまな問題が現在も横たわっている。それは犯罪の本質にもかかわる問題である。すなわち、犯罪の基盤をなすべき法益侵害がないのに、なぜ未遂犯は処罰されなければならないのか、そしてどのように処罰されるべきなのか、という未遂犯の可罰性の問題である。本章では、不能犯の構成および未遂犯の量刑の問題を取り上げる。

　わたくしは基本的に結果無価値論の立場に立つが、結果無価値論の立場から解釈に困難が生じるのが未遂犯であり、とりわけ不能犯の構成である。

　結果無価値論の立場すなわち侵害原理の立場に立てば、未遂犯は結果の発生を伴わないから処罰すべきでないという見方に理論的一貫性があるということになる。それだからこそ、未遂犯の可罰性を根拠づけるために、様々な理由、すなわち行為者が犯罪の意図を持っているということ、社会倫理的規範に違反するということ、メッツガーのあげている有名な鉄道の転轍機の例[1]にあるように法益の安全に対する動揺の印象や社会心理的衝撃性、一般人の事前あるいは事後に危険を感じるということなど、枚挙にいとまがない。したがって、山口厚教授の著名な研究をここで引用させていただくと、客観的な立場に立った場合、危険概念を純因果論的に導き出すことができない以上、「それよりも緩和された内容の『客観的可能性』をも危険の内容と

　1　E. Mezger, Strafrecht, Ein Lehrbuch, 3. Aufl., 1949, S. 398.

して承認せざるを得なくなる」[2]という指摘は重要である。

　さて、わたくしの関心は、次の2つである。1つは、未遂犯論の根拠として抽象的な一般人の持つ社会通念や印象をもってくるのはやめるべきであるということ。すなわち、具体的危険説の立場に反対の立場をとる。なぜなら、現実の訴訟の場においては、一般人の持つ抽象的な社会通念や印象はおよそ反証不可能だからそれを未遂犯の処罰根拠として設定するのは、被告人から反証の機会を奪いその防御権を奪うのだからやめるべきだということである。2つめは、法と道徳との峻別という視座から法益を中核に未遂犯論を構築したいのである。ただし、法益の内実については、かつて伊東研祐教授の主張にあるように、法益そのものの中に違法性の実質が含まれているのではなく、「社会的必要性という現実的基盤、それを反映して憲法秩序内で定立される刑事政策的諸原理から導かれる」という見解[3]に与するのである。未遂犯論の構成に際しては理論的根拠のみに尽きるのではなく、伊東教授の言われるような憲法を前提とした刑事政策的な判断をも大胆に取り入れる余地があると考えるのである。

　こうした未遂犯論をめぐる論争に対し、新しい視点を与えるのがフランスの刑法学者オルトラン、その人である。彼は、正義と効用との2つの価値から犯罪の本質と刑罰の本質とを説くが、とりわけ効用という概念には、伊東教授の法益概念の分析で明快に明示された刑事政策的判断に適合するアイデアが含まれているからである。これが、法益の概念に加え、今日でも有効な示唆をわれわれに与えてくれることは後で触れる覚せい剤単純所持罪の未遂の処罰根拠で明らかにしたいと思う。本稿では、未遂犯の量刑を支配すべき原理、そして、未遂犯論の中でも理論的対立の厳しい不能犯論を中心に考察を加えるものである。

2　オルトランとは何者か

　まず、オルトランとは何者かについて紹介する。

　2　山口厚『危険犯の研究』（東大出版会、1982年）81頁。
　3　伊東研祐『法益概念史研究』（成文堂、1984年）423頁。

　オルトランについて詳しくは、わたくしが最近成文堂から公刊した著書『未遂犯論の基礎　学理と政策の史的展開』(2014年、成文堂) をご覧いただき、ここでは簡単に紹介する。

　ここで、フランスの刑法学説史を概観すれば、オルトランは、1802年ツーロンで生まれ、フランス市民革命ののち19世紀フランスで有力であった新古典学派すなわち折衷主義の理論家であり、1836年頃からパリ大学で比較刑法講座の教授を勤めていた。我が国では初の近代的刑法典である、いわゆる旧刑法典の立法が計画されていたころ、その制定に尽力したボアソナードにも強く影響を及ぼした。ボアソナードを通じて、オルトランの未遂犯論、とりわけ未遂必要的減軽主義が我が国の明治13年刑法 (第112条) に結実した。

　オルトランの功績は、固定刑制度が採用されていた1791年刑法から、1810年刑法によって相対的法定刑制度が採用された当時のフランスで現場の裁判官に量刑裁量を与え、個別の犯罪者の責任に応じた刑の量定を可能にしようと工夫した点にある。オルトランは行為者の責任の程度に応じた刑の減軽を可能にする立法改革に理論的根拠を与えた。さらに、当時のフランスで採用されていた未遂犯にも既遂と同じ刑を科するという未遂既遂同刑主義に対抗して未遂必要的減軽主義に理論的正当性を折衷主義に基づいて推進した点に認められている。

　このようにオルトランは新古典学派すなわち折衷主義と呼ばれる学派を形成し、七月革命後の1830年代に確立させた。この新古典学派とは、その後フランスでは実証学派が台頭する19世紀末までのフランス刑法学を支配した刑法理論である[4]。さらに、現代のフランスにネオ新古典学派をもたらす元と

4　本報告後、①「オルトランが1810年のフランス刑法未遂規定の下で必要的減軽を主張し、客観的危険説的な不能犯論を主張したが、その時代背景は何か」という質問が寄せられた。これについて私は、王政復古により刑は過酷になる傾向にあった。これを受け1810年刑法が制定された。これは厳罰主義に特徴がある。これに陪審員が抵抗し証拠十分であっても重罪未遂事件について無罪と答申する場合が生じた。そこで、第2帝政末まで、オルトランはこうした陪審員たち市民の要望に応えるため案出した折衷主義の立場が圧倒的な支持を得ていたことにある。この立場は『正義も功利もほどほどに』と標語にあるように、厳罰主義につながりうる未遂既遂同刑主義を緩和し、さらに「実行の着手」(刑法第2条) の解釈においても結果発生に直接つながる可能性のない行為は実行の着手といえないとして未遂犯 (不能犯) の客観的構成に向かわせたと考えている。

なった理論でもあるから、今日においてもフランスではきわめて重要な位置づけがなされている。

　新古典学派とは、刑法をjustice《正義》とutilité《効用》すなわち社会的有用性という2つの大きな価値から構成する考え方で、犯罪についてもこの考え方を徹底させるという立場に立つ。正義と効用を相互に拮抗的に作用させて妥当な結論を導いて相互の欠点（厳罰化）を是正する正義と効用との折衷的犯罪観、刑罰観にその本質的特徴が置かれている。それゆえに、新古典学派は、偉大な折衷主義と呼ばれている。

　さてこれから、本論に入る。5つの部分に分かれる。

二　なぜ国家は犯罪者を処罰する権力を持つのか？
　　　——オルトランの国家刑罰権論（社会と犯罪者との間で交わ
　　　　されるダイアローグ）

　未遂犯論を構築することとは、すなわち、国家刑罰権論の性格付けに強くかかわることを意味する。そのことを、自覚的に、かつ明晰に論じたのがフランスの刑法学者オルトラン、その人である。

　オルトランによる折衷主義は、単に正義と効用とを調和させることではなく、そこに国家刑罰権論の基礎を確立することにあった。オルトランは社会

---

　②「第3共和政期の立法が具体的危険説になった背景は何か」という質問が寄せられた。これについて私は、具体的危険説が採用されたことはないと認識している。危険説などは簡明を好むフランス法の下では裁判官による規範的価値判断を導くため嫌われるからである。学説判例の動向は主観説に移行した。第3共和政の下でレイモン・サレイユが不能犯において主観説を主張したことによる。もともとフランス未遂規定は犯罪の主観面を重視するローマ法を淵源に持ち、また中止犯でないことを未遂成立の要件とするので主観説にほんらいなじみやすい。さらに、こうした主観説の流れに判例が同調したことが大きい。実は、折衷主義自体、それを構成する効用の中身は政策論であるので、行為者の悪性を政策論において排除しないのであれば、主観説への流れを防ぎ得なかったと言える。また、実行の着手に関する学説も現在では主観説に移行しているが、これは我が刑法に見受けられる包括的な予備罪規定が存在しないことにより、処罰の遺漏を埋めるために処罰の早期化が行われることによると考えている。

　③「第3共和政の背景は何か」という質問が寄せられた。これについて私は、オルトランらの折衷主義は過酷な厳罰化に根ざした監獄問題の解消に置かれたが、失敗に終わり、犯罪とりわけ累犯者による犯行に抑止力が機能しなかったということにあると考えている。

（＝国家）が人を処罰する権力をもつ正統性について次のように語る。

> ①犯罪者⇒社会
> 「なぜ、汝は我に罰を科するのか？」
> 社会→犯罪者
> 「汝がそれを招いたことによる」

> ②犯罪者⇒社会
> 「それでは、なぜ汝は自らの手により刑罰を科すのか？」
> 「誰が汝を裁判官にし、刑の執行者にしたのか？」
> 社会→犯罪者
> 「それは自分自身の保存を図るためである」

　最初の問答①が、折衷主義におけるjustice《正義》を示し、もっぱら絶対的応報刑論のことを表現している。その次の問答②は、utilité《効用》、すなわち社会的有用性を示している。これは社会秩序の維持を意味するが、その内容は、きわめて刑事政策的色彩に彩られた観念であって、従来の法益の観念よりも柔軟な概念である。つまり一般予防すなわちオルトランの言葉によれば模倣犯の防止、特別予防すなわちオルトランの言葉によれば再犯の防止、そしてオルトランの言葉によれば起きてしまった犯行に対する政府の犯罪統制活動に対して抱く公衆の信頼が得られるかどうかを意味する。後で覚せい剤所持罪の未遂の処罰根拠の説明で触れるmal indirect《間接的結果》の概念がこの効用の内容を構成する。これら正義と効用とによって、犯罪者が刑罰を受け入れる義務（応報の論理）の所在と国家が犯罪者に刑罰を科する権利の所在を証明しえたということである。

三　オルトランの未遂犯論

　まず、オルトランは、実行の着手については当時のフランスの立法および判例に従って考えていた。

　他方、未遂犯の処罰については当時の未遂既遂同刑主義に立つ立法を批判し、自由主義的な思想から未遂犯の必要的減軽を立法論として、つよく主張した。

　さいごに、オルトランは未遂犯と不能犯の区別について明確な基準を提案した。なお、中止犯については当時の判例立法に対して肯定的態度を通している。

　そこで、次にオルトランが、なぜ未遂犯を処罰することが正当であると考えたか。あわせて、そのもとで未遂犯論はどのように構成されるべきと考えたかを、以下に叙述してみよう。

四　未遂犯はなぜ処罰されなければならないのか？
―― 2 つの結果＝害悪（mal）の概念のもつ意義――

　未遂犯の問題を解明するカギはここにある。

　オルトランにとっては社会秩序維持の視点、すなわち効用の視点から未遂犯の処罰の必要を主張する。

　オルトランが未遂犯の処罰の視点から重要視したのは、とりわけmal（以下、結果と表記する）の概念である。これは行為から直接発生する結果（以下、直接的結果と表記）と間接的に社会に生じる結果（以下、間接的結果と表記）との2つから成る。

　直接的結果（mal direct）とは、当該行為から現に生じた被害者の利益や権利の侵害で、一般に現在説かれている法益侵害結果にほぼ相当するもの。主に罪名の決定のほか、不能犯論、未遂犯の量刑論の構成で用いられる。

　間接的結果（mal indirect）とは、直接的結果とは区別される、もうひとつの結果の概念である。この概念は、模倣犯や再犯の防止など刑事政策的意味合いを含んでいる。おもに、未遂犯の量刑論の場面で、直接的結果とともに作用する。しかし、それだけではない。犯罪が公権力によって取り締まられ、我々の生活の安全が保障されているという公衆の安心感が維持されている/いないという社会状態をいう。この間接的結果こそは実はオルトランの

特色をなすものである。挙動犯の未遂が処罰される場合がある。例えば、覚せい剤単純所持罪は未遂も処罰される（覚せい剤取締法41条の2第1及び第3項）。その根拠は何かと言えば、覚醒剤所持の危険が発生しているとか法益侵害の危険があるとかいろいろな解釈がある。また、実務的には個別の捜査で行為者が密売人から覚せい剤入りのバッグを奪おうとしたケースで捜査機関が単純所持の既遂と誤認して身柄確保した場合に備え未遂罪で対応すべき便宜的な余地を残したともいえなくはないであろう。しかし、挙動犯であるということから、そこでいう危険の実態とは何かについて十分な考察がなされてきたとは言い難い。このような場合にオルトランの間接的結果という柔軟な概念を用いて議論の整理をすることは有益だと思われる。すなわち、これは模倣犯や再犯の防止、国家の犯罪統制活動への公衆の信頼の確保など、きわめて刑事政策的色彩の強い要素であるからだ。この考え方はきわめて示唆に富む。すなわち法益侵害の危険性というハードで漠然とした概念だけでは十分な説明にはなりがたい、覚せい剤単純所持罪の未遂の可罰性について批判的に分析するヒントや手がかりがここにあるからである[5]。

五　未遂犯の量刑

　オルトランは、その国家刑罰権論の構成からうかがい知ることができるように、刑罰権の正統性を正義と効用との拮抗関係から導き出している。これがすなわち折衷主義と言われる由縁である。オルトランは未遂犯の量刑に関しても、この理屈を貫徹させている。オルトランは、未遂犯を段階的に発展する犯罪類型と位置づけ、犯罪の決意から、順を追いながら既遂に至る各段階につき、正義と効用の視点からその処罰根拠と量刑の基礎となる考え方を明示している。

5　例えば、覚せい剤取締法の目的を、個々の具体的な行為に伴う直接的危害だけでなく、個人及び社会全体に及ぼす累積的な危害をその内容に含むとする見解に対しても、間接的結果の概念を活用する余地がある。伊藤哲夫ほか「覚せい剤取締法」古田佑紀ほか編『大コンメンタール薬物五法Ⅱ』（青林書院、1996年）13頁。

　正義の視点からは、犯罪の決意以降内心の処罰に躊躇するべき理由はないとする。ゆえに、オルトランによれば未遂犯概念の中に、過失の未遂はあり得ない。他方、折衷主義の建前から、犯罪の処罰に当たり折衷すべき効用が存在しなければならない。効用の視点からは、予備の段階から既遂に到るまで徐々にその可罰性が高まるとしている。そこからさらに、未遂犯の量刑判断が基礎づけられるとしている点に注目しなければならない。

　詳しくその量刑の構成の仕方につき見てみよう。

　オルトランは犯罪の2つの結果（mal）という概念を提案している。それが、先に述べた直接的結果と間接的結果というものである。

　直接的結果の点からは次のようになる。未遂と既遂とはいわば『部分と全体』の関係にある。したがって、『部分』である未遂犯の量刑は、『全体』である既遂犯の量刑を絶対に上回ってはならない、とオルトランは主張する。さて、この直接的結果の検討によって、量刑の大枠（限界）が決まり、続いて行われるのが、間接的結果の検討である[6]。

　間接的結果の点からは、次のようになる。つまり、予備行為から既遂に近づくにつれて一般予防、特別予防の必要性が高まり、犯行に対して行われる政府の犯罪統制活動に対する公衆の信頼の得喪に基礎を置く処罰の必要性と可罰性の程度が高揚し、既遂に接近するにつれ重く処罰する必要性が生まれる。

　以上から、オルトランにあっては、直接的結果と間接的結果という分析から、未遂犯について必要的減軽主義が見事に導き出されてくるのである。

　このように、オルトランは、ドイツ法に由来する法益の概念を知らないものの、未遂犯の量刑や処罰根拠につき主として効用の視点から説明している。また、こうした法律構成を採用することは、現代の我々が前従来その可罰性の説明に窮していた挙動犯の未遂の可罰性にも一定の解決の方向性を与えてくれる。たとえば、結果無価値論の立場から、未遂犯は単なる結果の不発生でなく、実害こそ生じていないが危険という結果の発生という点では既

6　なお、直接的結果の検討を通じ、不能犯でないことが確認された後でなければ、間接的結果の検討に入ることはできない。

遂犯と同じ構造をとり、これが未遂の処罰根拠であると同時に、また危険結果すら生じていない段階にとどまる予備行為が不処罰とされる理由であると説明されることがある[7]。この説明は、なるほど結果犯を想定する場合には十分な説明といえる。だがしかし、挙動犯の未遂の場合にはいかがであろうか。犯罪の性格上、法益侵害ないしその危険だけからは説得的な回答は導かれにくい。こうした場合、その可罰性のおもな根拠として、間接的結果の面を強調することでその未遂犯の可罰性を合理的に説明することが可能になる。たしかに、一定の法益侵害に直接つながる直接的結果のみからは挙動犯の未遂の可罰性の根拠を説明し尽くすことは困難である。そこで、間接的結果の概念をもその可罰性の根拠に据えることで、例えば覚せい剤取締法41条の２第１項の覚せい剤単純所持罪というように一定の挙動をしただけで犯罪が成立する場合、その未遂（覚せい剤取締法41条の２第３項）の可罰性やその具体的な量刑は既遂が予定している法益に対する危険の概念から直ちに回答は導き出されにくいものの、覚せい剤の所持を企てる行為の処罰は所持によってもたらされる法益侵害に、その種の行為が放置されることにより社会全般にもたらされる一般予防、特別予防、そして政府の犯罪統制活動に寄せる公衆の信頼の確保など刑事政策的な考慮を正面から入れて柔軟に議論する態度、すなわち間接的結果の観点から説明を加えることでより国民に説得的な構成が可能になろう[8]。

7　曽根威彦『刑法の重要問題〔総論〕』（第２版、成文堂、2005年）256頁以下、なお名和鐵郎「未遂犯の論理構造──実害犯の未遂を中心として」福田平・大塚仁博士古稀祝賀『刑事法学の総合的検討』（下巻、有斐閣、1993年）416頁以下。

8　例えば、個々の行為によってもたらされる法益侵害事実はもちろん看過することはできないが、とりわけこの種事実を放置することで社会に醸成される国家の犯罪統制活動に対して抱く公衆の不信感の除去など看過できないであろう。こうした間接的結果に当たる要素は評価の対象となる行為そのものにはあたらないので違法評価の対象ではないが、違法性の有無や程度を決める上で枢要な要素である違法評価の資料となる事情に重なる。なお、ここで私が表現した『評価の資料』という発想については、團藤重光博士がその主著『刑法綱要総論』で初版（創文社、1957年、64-65頁）以来粘り強く示されてきたお考えを参考にさせていただいている。

六　不能犯の構成

　さらに、不能犯論について言えば次のようになる。ここでは、オルトランの言う直接的結果が対象とされている。

　一般に、フランスでは、伝統的に、未遂犯を構成する基本概念として、commencement d'exécution《実行の着手》の概念が重要であるとされている。オルトランによれば、実行の着手があるとは、直接的結果の発生につながる危険源（原因）が実際に含まれた行為がなされたことを意味する。この危険源とは、植物における種子に例えられる。つまり、実行の着手があるとされるためには、実行の着手時に結果発生を直接導く「種子」（たね）である直接的危険源が実際に存在していなければならないということを意味する。植物が発芽し成長を遂げるためには、水分、肥料、適温が維持されていても、種子が実際に土壌（行為・犯罪事実）に存在することが必要であることによる。この場合の「種子」が直接的危険源にあたる。

　そこで、不能犯とは、オルトランによれば『実体のない想像上の犯罪（un délit imaginaire）』であり『未遂犯の幻影（simulacre）』とされる。オルトランによれば、不能犯とは行為者の思考上でのみ存在する犯罪だから、刑罰権は及ばないとされ、それは正義という視点だけから観察すれば確かに犯罪だが、効用という視点からは犯罪に当たらないのだから結局犯罪にはならないと結論づけられる。その理由は、オルトランの文章を直接ここに引用すれば、絶対的不能にあたる場合『人や社会はともに自然の物理法則によって保護され、人や社会は充分安全を維持し、どのような点において害悪（mal）の及ぶ危険があろうか。（不能犯に当たる―筆者注記）事実や状況のみしかない場合には、行為者による再犯の危険もその他の人々による犯罪の模倣の危険も存在していない。未遂犯とは犯罪の開始である。すなわち、開始（commencement）というには、犯罪の遂行が可能（possible）であることを前提とする。（中略）未遂犯とは犯罪の結果（mal）を生じさせる動作によって成立する。だが、もしこの結果（mal）を発生させることができない場合には結果

（mal）を発生させる動作もあったとはいえない。（中略）未遂犯の幻影がある
に過ぎない』として、刑罰を科す理由がないとする。すなわち、行為（犯罪
事実）の中に結果（直接的結果）発生へとつながる原因（種子）が内在したかど
うかによるべきことを、オルトランは主張したのである。

　そこで、オルトランの引用する事例を見てみよう。すべて自然法則に従っ
た判断を尊重する姿勢に貫かれている。

1　客体の不能

　まず、客体の不能のケースでは、実行の着手時点で、はじめから種子に相
当する結果発生の直接的危険源が存在しないので、不能犯となり、未遂犯と
しての処罰を免れる。たとえば、（殺人罪の事例）被害者が睡眠中であると行
為者が誤解して、本当はすでに死亡している死体を突き刺した場合、人が実
在しない状況下で樹木を人と見間違えて射撃した場合、また、（堕胎罪の事例）
妊娠していると誤解して、女性が自己堕胎術を施す場合などがあげられてい
る。（窃盗罪の事例）贈与によりすでに自己の所有となっている樹木の伐採、
自己の財物を窃取した場合などを挙げている。なお、豚を窃取しようと企
て、豚舎に侵入したところ豚は他所に移されており、盗み損ねた豚の例で
は、窃盗の実行の着手時に、目的とした豚は期待した場所とは異なれど現実
世界に存在するわけだから不能犯とならず未遂犯と評価する。

2　方法の不能

　つぎに、方法の不能にあたるケースでは、ケースに応じて不能犯となる場
合と未遂犯とされる場合とに分かれる。すなわち行為者が知らないうちに、
実弾がすべて抜かれた銃砲（arme）を使い殺人をしようと試みた事例につき
オルトランは不能犯を認めた。他方、実弾が抜かれていたとしても、実行の
着手時点で、火薬が残存しており発火した場合には、ケースに応じ未遂犯の
成立を認める。たとえば被害者との間に1～2キロメートル離隔していた場
合には不能犯とするが、他方で被害者に非常に近接した場所から発砲した場
合、火薬の爆発によってけがを負う場合があり、この場合には未遂犯の成立

が認められる。また、もともと解毒作用のある飲みものの中に、そのことを知らない行為者が毒物を混ぜて被害者に飲ませた場合、その後の解毒作用で毒性は解消されても、実行の着手時点では、行為者は毒物を用いていた以上不能犯は認められない（＊当時のフランスの刑法典にも毒殺罪が別途あるが、このことは念頭に置かれていない）。

　要するに、オルトランによれば、不能犯とは、実際になされた行為（犯罪事実）の中に直接的結果が生じる原因が含まれていないので、犯罪として処罰することはできない。その理由として、正義のみにより人を罰することになり、それは人間の手による裁判権が及ばない領域に入ることになるからだとする。これは現代の言葉でいうと、悪魔の証明を強いることにほかならない。すなわち、不能犯の問題は刑事裁判における立証の問題でもあるとし、行為者の反道徳的な悪意を取り上げて、将来にわたり再び犯行を繰り返す恐れがある行為者ならば結果の発生につながる手段や客体を将来において必ず選択するはずだと考えることになり、これは犯人の悪性格を問題にして犯罪（不能犯）の成否を決めることになる。ところが悪性格は立証不能であって、つまりこの問題の解決は、人ではなく神のなせる領域の問題であると考えるわけである。したがって、オルトランは、このような問題は処罰の対象から排除するのである[9]。

　逆に言えば、未遂犯の成立要件の一つである実行の着手も犯罪の開始というために、「不能犯」であってはならないということが必須となる。この実行の着手の認定では直接的結果を言うが、この結果発生へと直接つながる原因、すなわち種子が行為（犯罪事実）の中に内在していなければはじめから未遂は成立しない、とするのである[10]。

9　犯罪の成立後、成立した犯罪の量刑評価では犯罪の予防の観点から行為者の問題も考慮に入れられることはすでに五で述べた。

10　こうした主張は、曽根威彦『刑事違法論の研究』（成文堂、1998年）231頁以下、あるいは松宮孝明教授のいうように、「実行の着手時点で結果の起きないことが確定しているなら、不能犯を認めるべきであろう」（松宮孝明『刑法総論講義』第4版、成文堂、2013年、243頁）との発想とも重なり合う。

七　おわりに

以上、オルトランの所論から得られた本稿の結論を述べる。

1　不能犯論から、いえること

オルトランによれば、不能犯とは実際になされた行為（犯罪事実）の中に始めから直接的結果を導く原因がなく、未遂犯が成立しない場合であるとされる。不能犯かどうかを決める判断では、実行の着手時に一定の結果（直接的結果）の発生に導く直接的危険源がその行為（犯罪事実）の中に実際に始めから含まれているかいないかによって判定されることになり、明確性の原則からも好ましい。未遂犯としての処罰範囲を限定するし、判断形式も明確になる。そのため、オルトランの行った議論は参考になる。

2　未遂犯の量刑論から、いえること

オルトランによれば、既遂犯と未遂犯とは犯罪の全体と部分とにあたり、したがって未遂犯は、現在の日本の刑法（第43条）では裁量減軽の規定であるものの、実務の実際に確固たる学理的支柱を与え、刑の減軽が原則であると主張することを可能にする[11]。

　一例だけ判例をあげる。客体の不能の例として頻繁に出される死体に対する殺人は不能犯か殺人未遂かを判断した昭和36年の広島高裁の判決をとりあ

11　本報告後、「現行刑法第43条について、報告者の研究は立法論か解釈論か。立法論から第43条が妥当でないとするのならば、それは事物の本性という論拠からくるのか、憲法論の人権規定などの関係から違憲無効という点を導くのか。それとも、第43条は任意的減軽にとどめているから、それを所与の前提として、オルトランの考え方をモデルに解釈論を説くのか」という質問が寄せられた。これについて私の主張は、後者、解釈論である。裁判実務ではほとんどの未遂事例で必ず減軽処罰しており、こうした実務の運用に理論的根拠を与えるため本報告を行った。ただし、個別の挙動犯や形式犯の未遂罪の実質的処罰根拠につき保護法益の精神化に繋がらないように、既遂罪との比較で改めて検討し、事物の本性、自由権の保障あるいはオルトランに倣い公権力作用に対する公衆の信頼の確保という視点から必要的減軽を主張するべきかは、将来の課題である。

げてみよう[12]。このケースでは、同じ暴力団に所属する者によってなされた数度の銃撃によりすでに死んでいた被害者に対して、事情を知らない被告人が、応援加勢するためにとどめを刺した場合に於いて、被告人に対し、不能犯の抗弁を排除し、殺人未遂罪を適用した。ここでは刑事訴訟法の原則である『疑わしきは被告人の利益に』の法理を適用すれば、被害者はすでに死んでいたとする鑑定書を裁判所は採用したうえで、殺人未遂罪の適用を回避するべきであった。しかし、裁判所はその選択肢をとらなかった。ところが、判決で下した刑の量定において、広島高裁は、被告人に懲役３年の刑を宣告した。これは殺人罪の当時の法定刑の最下限にあたる。これに対し、はじめに被害者に銃撃を加えて死亡させた者には懲役15年の刑を宣告した。この２人の被告人の間に見られる刑の大きな差は何によるのであろうか。かりに、裁判所が両名に殺人罪での共同正犯を認めれば、同じ宣告刑を与える選択もあったはずである。被告人はもともと被害者に対立感情を持っていたことに加え、先に銃撃をした者と同じ暴力団に属し彼を応援加勢する意思も持っていた。しかも、一連の銃撃の模様を知った上での犯行である。単純な同時犯とも異なる。また先に銃撃した者と同様、殺傷能力の高い日本刀を凶器として使いしかも複数回に渡り被害者を突き刺している。犯行の手口の残忍さの点を見ても被害者がすでに屍となっていた点を除いて、勝るとも劣らないものであった。それなのに、この量刑の不自然なほど大きな差、実はそこに、裁判官の悩みどころが伺えると考えるのは、わたくし一人だけであろうか。オルトランであれば、本事案に対し不能犯の抗弁を端的に認めたであろう。しかし、この量刑格差の点にこそ実はオルトランの所論が問題解決の糸口を与えてくれるのである。先に述べた既遂犯と未遂犯とは『全体と部分』の関係にあると言うこと。これをここで考えてみよう。本件ではまさしく未遂犯か不能犯かが微妙に別れるケースであった。そしてここに裁判官たちの悩みどころがある。

　オルトランの回答はこう与えられるであろう。未遂犯と不能犯の関係は、

12　広島高判昭和36年７月10日高裁刑集14巻５号310頁。

既遂犯と未遂犯との関係では『全体と部分』であるのに対して、未遂犯と不能犯とでは『部分とゼロ』である。しからば、本件のような、まさしく不能犯と評価されてもよい微妙なケースでは『部分とさらに極小の部分』、ゆえに当時の法定刑の最下限を適用した広島高裁こそ、この極小の部分を本事案の量刑にあてはめ、３年としたのはこういう理由によるのだと見る余地もあるのだと。このような考察の糸口を与えてくれるオルトランの学説こそは、大いに検討に値する[13]。

13　なお、さいごに効用という視点から、いえることを述べておきたい。
　　オルトランは、盛んに効用（間接的結果）という概念を用いる。オルトランの語る「効用」とは何か。この概念は誤解を招きやすく、効用とは一般に時の政府の特殊な政策意図を正当化する場合に使われることがある。しかし、ことフランスの刑法家オルトランの場合に、この概念を使用するといえども、政府の特殊な政策意図をそのまま正当化するものではなく、政府の行う犯罪統制活動に対し、公衆の抱く信頼の所在に重点を置く。いいかえれば国家の持つ刑罰権力をそのまま正統化するのではなく、逆に、「効用」（utilité）を通じて公権力作用に対する公衆の信頼の得喪の視点を、未遂犯の処罰根拠、すなわち実質的違法論に組み入れる点で従来明確には主張されてこなかった視座として評価に価する。わたくしと立場は異なるが、かねてから井田良教授による注目すべき違法論の思考枠組みに見受けられるように、当該行為が惹起する法益の侵害ないし危険だけでなく、むしろそれに加え、法益保護の視点から、およそその種の行為を一般的に許容したとき、社会にどのようなマイナス効果が生じるのか、そしてそのようなマイナス効果の発生を防止するためにその種の行為をどのようなかたちで禁止すべきかを考えるべきだという十分考慮に値すべき指摘が見受けられる（井田良『講義刑法学・総論』有斐閣、2008年、24頁以下、同『刑法総論の理論的構造』成文堂、2006年、９頁）。本稿で述べたオルトランの所論によれば、井田教授による利益衡量的所論について、さらに時の政府の行う犯罪統制活動への公衆の信頼の得喪という『政策批判』的な視座を加えるものとして、より意義があると思われる。すなわち、《誰の利益をはかる》違法論かという明確な視座の提供である。それは、より率直に国民にとり簡明であり、かつ、（被告人をも含む）国民の立場を志向する視座（憲法第13条）と明確にいわれるものでなければならない、ということである。この視点は注目されるべきである。たとえば、このアプローチを発展させればさらに、未遂犯の量刑以外にも、著しく違法な犯罪捜査手法、たとえば公衆の信頼を得られないような政府機関の構成員自身が犯罪を唆す、たとえばおとり捜査等により摘発された薬物犯罪そのものについて実体法上の無罪を導き出すという研究の示唆を得る可能性もありうると考えるのは、わたくし一人だけであろうか？　もちろん、ポピュリズムの問題など解決すべき課題は大きいことを認識した上でのことであるが。

第2章

不能犯論・覚書
——末道書評を契機として——

一　はじめに

　『理論刑法学の探究⑨』（2016年）の末道康之「中野正剛『未遂犯論の基礎
—学理と政策の史的展開—』（成文堂・2014）を読んで」において、拙著の書
評を賜ることができた。精読してくださった上に、丁寧に批評くださったフ
ランス刑法学を専攻されている末道康之教授（評者）には、感謝の言葉しか
ない。また、その内容は書評の域を超えて、拙著の内容をわかりやすく補充
するものともなっている。深く感謝申し上げる。

　的確にも、評者が指摘されるように、本書は『未遂犯規定に限れば、フ
ランス未遂規定はドイツ刑法の未遂規定にも影響を与えているので、フランス
未遂規定はわが国の未遂規定（43条）に直接・間接の影響を与えている。し
たがって、（中略）明治期からの未遂犯の理論的変遷を理論史の側面から検討
する意義は非常に大き』いというご指摘（書評255頁）は、著者としてこれに
勝る慶びはない。

　さて、評者は、いくらか拙著に対する疑問を呈しておられるのでこれに答
えていこう。

　1）『明治期における未遂犯論の全体像を検討対象とするのであれば』検
討の対象として取り上げた明治期の刑法学者のほかにも、取り上げられるべ
き対象がなかったとは言えないのではないかと指摘され、富井政章、岡田朝
太郎、小疇傳を挙げて、『このような先人の研究が、その後、牧野英一の刑

法理論につながっており、フランス刑法思想からドイツ刑法思想へと刑法理論の影響が変化していく過程を検討するうえでも、岡田等の未遂犯論をとりあげなかったこと』に疑問を呈するとされている（書評245頁）。とくに、富井については、明治時代を代表する学者であること、またボアソナードや宮城の新古典主義・折衷主義を否定し、主観主義の思想を当時の刑法理論にもたらしたという点で、新派刑法学の先駆者として評価されており、富井の未遂犯論を検討していないことは、新古典主義・折衷主義の限界という問題という点に目を伏せているとのご指摘をいただいている（書評245頁）。

　2）ボアソナードのとった不能論の位置づけに関する指摘である。わたくしは、ボアソナードは「明示的に」ではないが絶対的不能・相対的不能説をとっていると考えているが、評者は「不能犯に関しても基本的には客観説に従っている」と位置づけられておられる（書評249頁）。

　そのほか、フランス刑法学における犯罪論の構成の仕方に関するご指摘を賜った。20世紀初頭以降、一般的に、フランス刑法における犯罪論について法律的要素（法定要素）、客観的要素（自然的要素）、主観的要素（心理的要素）の3要素に区別して論じる見解が有力であり、この3要素説を最初に主張したのはガローであるとした点である。その後、評者の指摘に従い確認したところ、指摘の通りレネ（Armand Lainé, 1841-1908）であることを確認した（わたくしは1881年に2分冊を合巻して刊行されたものによって確認をした。A. Lainé, Traité élémentaire de droit criminal, 1881, pp.98 et s.. なお、犯罪の要素が3つの要素からなる点につき、98から99頁に、法定要素につき100から103頁に、客観的要素につき104から137頁に、主観的要素につき138から191頁に、それぞれ詳述されている。）。謹んで訂正するとともに、評者に感謝申し上げる。

　さらに、中止犯論につき、『陪審員制度をとらなかった日本の裁判制度において、フランス型の未遂犯・中止犯規定がどのように受け入れられたのか、中止犯に関する規定がフランス型からドイツ型に変遷したことと関連するか、という視点から分析するという方法もあったのではないかという』ご指摘も賜った（書評254頁）。これについては、我が国においてもすでに陪審員裁判制度が江木衷、花井卓蔵らの尽力によって花を結び、大正デモクラ

シーの流れの上、我が国が戦時体制下に入るまでの1928（昭和3）年から1943（昭和18）年までの間であったが施行されており、その間に現れた中止犯の事例がどのようなものであったか現在精査中であり、その結果をもって別稿で回答を行いたい[1]。

二　応　答

1　はじめに

　まず、本書は明治期における未遂犯論の全体像を詳述しようと意図したものではないことをお断りしておきたい。おもな理由は、フランスをはじめとする「洋律」の未遂犯論における解釈学上の継受の《変化》であって、必ずしも牧野英一に連なる流れを解明しようと意図していたわけでない。つまり、「洋律」の「継受」が上からの改革の方法によったので、ボアソナードによって典型的に明示された西欧の共和主義的思想は、その後継者においてすら、徐々に官僚法学的色彩によって薄められていった、ということを未遂犯論の学理（刑罰権の正当化根拠論）と政策（犯罪抑止と冤罪の防止）との交錯を軸に浮き彫りにすることであった（拙著5〜6頁参照）。明治前期は、ボアソナードによって蒔かれた共和主義的思想から宮城浩蔵から井上正一への系列では徐々に官僚法学的流れに移りゆき、明治後期はこれを受け、江木衷と古賀廉造を例に官僚法学的再編成と位置付けたわけである。なぜ、この二人だけを取り上げたのか。その理由を述べれば、未遂犯の解釈論では、既遂犯と違い一定の結果の発生していない未遂犯の刑の量定を誰に委ねるのかが重要であるところ、現場の裁判官に留保されているのか、立法者の専権であり裁判官は単に条文に従っていればよいのかという違いを浮き彫りにしたかった

1　江木に関する拙著の要約の部分で、文のつながりとして妥当でないところが見受けられるので指摘しておきたい。江木は反キリスト教主義の立場から現行刑法が行為者の主観面を重視した点について批判を加えていた。そのため、書評における江木の態度で彼は『反キリスト教主義の立場を徹底し、未遂犯の処罰根拠として行為者の主観面を重視して、未遂処罰規定の存在に一貫して反対の姿勢をとったことにある』とする表現（書評242頁）が見られるが、正確には『行為者の主観面を重視した未遂犯処罰規定の存在に一貫して反対の姿勢をとった』となるであろう。

という理由による。また、本研究は、上述との関連で、刑罰権の正当化根拠のゆくえに最も主眼を置いたものであり、富井、岡田らは明治後期に属する論客であり、もはや国家刑罰権の正当化根拠に関心を置かず、むしろそれをいかに合理的に行使すれば犯罪を抑止できるかに関心が移ってしまった論客たちであるからである。すなわち、富井から岡田への流れで、看過することができないのは穂積陳重らが我が国に持ち込んだ法律進化論に明示される社会進化論の動きである。ここでは、刑法の目的についてこう説かれる。いわく『刑法は社会の進化を補ふ為めに存在するもので、即ち社会の生存競争の一つの作用であります。凡そ一国の基礎を危うする者は、外より其の存在を攻撃するものと、内より其の存在を害するものとの二つが有ります。外の侵害は海陸軍の力に依つて之を防ぎ、内の攻撃は法律就中刑法を以て之を防ぎまする。故に刑法は一国全体と罪人との生存競争にて、国家は自己の生存の為めに罪人を罰するのであります。言はば刑法は国家の爪牙の如きものであります。下等動物が爪または牙を以て一身を護ると同じく、国家は刑法によりて始めて内より国家の基礎を危うくする者を防ぐを得るのであります。故に、刑法は自身も進化し、且つ社会の進化をも補ふものであらうと思ひます』とある（穂積陳重「刑法進化の話」『法律進化論叢第四冊』岩波書店、昭和6年、349～350頁）。こうした考え方が、後の岡田朝太郎博士の刑法思想に影響を与えていることに関しては、すでに小林好信博士の研究で詳しく論じられている[2]。法律進化論に現れる議論のなかには、国家刑罰権を拡張する方向での犯罪からの社会防衛の勢いを助長するものが含まれる反面、国家刑罰権を縮減する方向での契機は僅少と言わざるを得ないであろう。すなわち、市民を犯罪者〔敵〕とそうではない善良な市民〔味方〕という、今日からみれば目を覆うばかりの単純な二項対立的図式として、階級的格差の生じることを、生物界の進化論に単純に当てはめて説明し、イデオロギーとして正当化しているに過ぎない。当時のイギリスの哲学者・社会学者であったハーバート・スペンサーは社会進化論を、近代資本主義経済社会を自由でありかつ平等な社会

---

2 「岡田朝太郎の刑法理論」吉川経夫ほか編著『刑法理論史の総合的研究』（日本評論社、1994年）179頁以下、また未遂犯論との関係では、212～213頁に明示されたまとめを参照。

と高く評価し、これに対する国家、政府の干渉を拒否するものであったところ、穂積らの説く法律進化論では逆に国家刑罰権の行使を犯罪抑止目的の下で正当化するものとして構想されていたと述べては言い過ぎであろうか。ともあれ、こうした社会思想的な背景のもとにおいてはボアソナードらによって蒔かれた市民の平等や自由の保障といった共和主義的思想はもはや垣間見られなくなっているし、未遂犯の構成の仕方においても未遂犯の処罰につき得減主義を正当化し犯罪の抑止に重点がはっきりと置かれていることから認識することができる[3]。

2　不能犯における客観説と絶対的不能と相対的不能説

　評者は、オルトランは絶対的不能相対的不能説をとり、ボアソナードは客観説をとると指摘され、本書の見解に反対をされている。はたして、そうであろうか。

　その理由として、評者は、夜間人気のない場所で旅人が通行するはずと信じて待ち伏せしていたが、風で木々が動くのを見て旅人が来たと思って発砲したところ灌木に発砲していた場合について『その道を旅人が夜間通行することがありえたとしても、ボアソナードの見解では不能犯として不可罰になると考えられる。オルトランの見解では、客体に関する相対的不能の場合には、未遂犯として処罰することになるので、この点で、両者の見解には相違がある』とされるのである（書評251頁）。

　オルトランとボアソナードが各々下した事例評価を見てみよう。評者が示した殺人の故意で灌木に射撃した事例をまず取り上げてみよう。

　オルトランは、評者の指摘と異なり、その著書 Éléments de Droit Pénal のいずれの箇所を検索しても、初版以来一貫して、不能犯と評価を下していたということなのである（オルトラン自身の手になる第3版までのいずれの版も

　3　富井政章については、特に彼の説く刑法の目的に焦点を当てた、小林好信「富井政章の刑法理論」前掲注2）90〜93頁を、またその未遂犯論については同論文94頁以下を参照。牧野英一に関しては、さらに中山研一「牧野英一の刑法理論」前掲注2）290頁以下の考察が重要であり、その未遂犯論の構成については329頁以下を参照。

n°1002において述べられている）。すなわち、『行為者は暗いところで殺害しようとする人物が存在すると思って、ある物体に対し発砲したが、その殺害しようとした人物も、そのほかの人物も、その場には存在せず、行為者は樹木を狙撃したに過ぎない場合』には不能犯と評価を下している。ボアソナードも不能犯としているのは評者の指摘の通りである。そのほかの用例についてオルトランの評価とボアソナードの評価はすでに拙著で明らかにしたとおりである（拙著52頁以下、80頁以下）。

　おもうに、オルトランも、ボアソナードも、不能犯の問題を当時の実定法の解釈（フランス刑法典第2条）の問題としてとらえ、「実行の着手の問題」と理解していた点では共通の基盤の上にあったといえる。この点から眺めれば、じつはボアソナードもオルトランも一つの事象に関して表現を変えて同じことを解説しているだけのようにおもうのはわたくし一人だけであろうか？

　そもそも、オルトランは不能犯が不可罰の根拠を実定法上の根拠、すなわち当時の刑法典第2条（拙著48頁参照）に求めていた。オルトランは語る、不能犯とは『実体のない想像上の犯罪であり、行為者の思考上でのみ存在する罪であるから、社会の刑罰は果たして科すことは可能であろうか。（不能犯を処罰しなくても）人や社会はともに自然の物理法則によって保護されている。人や社会は充分安全を維持し』ており、『未遂犯とは犯罪の開始である。すなわち、開始というには犯罪の遂行が可能であることを前提とする。開始したとはすでに行為を一部なしたことをいう。未遂犯とは犯罪の結果を生じさせる動作によって成立する。だが、もしこの結果を発生させることができない場合には結果を発生させる動作もあったとはいえない』とする。また犯罪を不能犯として無罪とすることはやがて後日行為者は再び犯罪を繰り返す危険があると評価することもできないわけでないが、『その推理はどこまでいえるか。（中略）将来についての再犯の危険はそれだけで刑を科すには足らない。刑を適用されるべき事実については不能犯とされており、再犯の危険が懸念されるのは当該事実ではなく、将来生じるであろう類似した犯罪についてだから、もしこのような場合にまで刑罰を科そうとするのならば人間界の

刑罰の根本原理に違反すること甚だしい』と断じているからである（以上、拙著54〜55頁を参照）。

3 不能論的アプローチと危険論的アプローチ

新倉修教授は不能犯論に関して次のように分類している。彼はこれまでの不能犯論に関わる議論を分類して、①『不能の内容・性質によって不能犯と未遂犯とを区別しようとするもの』である不能論的アプローチと、②『犯罪実現の危険性の性質によって不能犯と未遂犯とを区別しようとする』危険論的アプローチとがあるとする[4]。絶対的不能相対的不能説や法律的不能事実的不能説という学説が①に当たるとされ、②は危険性の程度や質が問題となるとされ、客観的危険説や具体的危険説などにみられる危険説のとるアプローチである。

評者は客観説の意味を客観的危険説の意味でとっておられるのではないであろうか。換言すると、犯罪実現の「危険」性の性質によって不能犯と未遂犯とを区別しようとする危険論的アプローチの意味でボアソナードの考え方を把握しておられるのではないであろうか。わたくしは、オルトランもボアソナードもいずれも構成要件的結果に結びつく危険源の有無により未遂犯か不能犯かを決める不能論的アプローチという範疇で、ボアソナードもオルトランも異なる考え方を採っていないと整理したのである。

さらに、評者と同様の指摘をされている西山富夫教授の明示される理由付けは次のとおり。オルトランはその著書の４版（1875年）で客観説から、絶対的不能相対的不能説に説を改めたということを主張されている。そのためボアソナードが来日後（1873年）の出来事であるから、オルトランの絶対的不能相対的不能説を『知らなかったはずだ』と主張されているのである[5]。し

---

4 参照、新倉修「不能犯」阿部純二・川端博編『基本問題セミナー刑法総論』（一粒社、1992年）279〜280頁。
5 西山富夫「黎明期の不能犯判例史」『名城大学創立二十周年記念論文集法学編』（法律文化社、1966年）57頁。

かし、わたくしが原著初版（1855年刊行）に直接当たり調べたところ、改説の
事実はなく、初版以来一貫してオルトランは絶対的不能相対的不能説を主張
し続けていたことは拙著（56頁註記(24)）で指摘したとおりである。であるの
ならば、ボアソナードは来日するその遥か前（教授資格を得たのが1864年）に彼
の師オルトランの所論を正確に知りえたはずであり、西山教授のご指摘は当
たらないということになる[6]。

三　オルトランの未遂犯論の研究から得られること

　オルトランのとる未遂犯論は、当時のフランス刑法2条の文言（拙著48頁
参照）に忠実に、実行の着手と不能犯をリンクさせる見解であり、実行の着
手にいう実行行為の成否にあたり不能犯でないことを必要とするものであっ
た。

　そこでは、個別の事案を審理する立場にある裁判官による価値判断に従っ
て程度を付すことができる「危険」概念になるべく刑法解釈学では原則とし
て依存しない方向性が示されており、同じことは我が明治黎明期の未遂犯の
学説にも現れており、わたくしもそれが望ましいと考えている[7]。それはわが
現行刑法典上、実害犯にも、その未遂罪を定める規定が置かれているが、必
ずしも実定法上、43条そのものに『危険』という文言が与えられているわけ
ではないからである。その点で、現在の我が未遂犯論の理論状況がほぼ『危
険性』概念を中心に構築されている点に若干の違和感を認める。

　以下では、オルトランの不能犯論について限定して考えてみよう。

　フランス刑法では伝統的に罪刑法定主義の理念に忠実に法解釈を行い、明
確性の原則を尊重する。そのため、多義的な危険概念に依存せずに未遂犯論

　6　もっとも、ボアソナードの場合には立法論として未遂犯に対する考え方を示した文献がおお
　　かたであり、オルトランのようにまとまった未遂犯《論》を遺したとはいえないのであるから、
　　果たしてフランスの刑法学者オルトランと対比をさせて、ボアソナードは何説を採っていたと
　　論じることの意義について現在若干の戸惑いを覚える。
　7　中野正剛『未遂犯論の基礎』（成文堂、2014年）330頁註(4)。なお、中野正剛「オルトランの
　　未遂犯論」刑法雑誌55巻2号40、45～46頁［本書17、23頁］も参照。

を構成する構えをとる。評者自身は具体的危険説に依拠して不能犯を構成するのがもっとも適切であるとされている[8]が、私はオルトランのアプローチのすべてをとるものではないが、オルトランに倣い評者とは別の考え方をとる。その理由は、我が実定法の解釈態度としても、「実行の着手」という構成要件にそもそも該当しうると評価を受けるためには行為が直接に構成要件的結果の発生へと進行する能力を具備していなければならないはずだ、という点にある。

　さて、未遂犯論におけるオルトランの特徴は、当時のフランス刑法典第2条の文言に忠実に解釈し、その結果、「実行の着手」と「結果を欠いた」の文言に忠実に構成しようとした点に認められる。

　既遂結果発生がはじめから不可能であるとき、不可能なことを人は実行することはできないから、論理上「実行の着手」ありといえず、かつ、結果発生があり得ない条件の下で「結果を欠いた」ともいいえないからである。つまり、「結果を欠いた」とは結果が発生する見込みがあったばあいにはじめていえることであり、はじめから結果が生じ得ない条件の元では「結果を欠いた」とそもそも評価できないはずである。実行の着手を評価する前提として不能犯ではないという判断が内包されている。ゆえに、オルトランの不能犯論は、未遂の処罰範囲を画するために、実行の着手と欠効の2方面からアプローチを試みる点にその特徴が伺える。

　また、こうした実行の着手時に一定の危険源の存在を要求するアプローチをとることで、あいまいな裁判官による規範的価値判断や行為の進行に応じて可変的な危険概念に依存しない構成にもなっていると考えられる。

四　「不能犯とは未遂犯の幻影である」
　オルトランの未遂犯論からみえる構図——不能犯に関する覚書

　19世紀フランスの刑法家オルトランが今日の我が国の学説にどのような影

8　末道康之『フランス刑法における未遂犯論』（成文堂、1998年）268頁。

響を及ぼすか検討してみたい。

さて、今日の我が国における論争は、ほぼ具体的危険説と客観的危険説の2つの立場の間で行われている。

1 具体的危険説

本説は、その代表的論者である大塚仁博士によれば『行為の当時、行為者がとくに認識していた事情、および一般人が認識しえたであろう事情を基礎とし、客観的見地から、事後予測（中略）として犯罪の実現される危険性の有無を判断し、それが肯定されるときは具体的危険（中略）が認められるから未遂犯であるが、否定されるときは具体的危険が存しないから不能犯であるとする立場である』とされている[9]。行為者のとくに認識していた事実とは、一般人が認識し得ない事実について行為者だけが知っていた事情をいう。たとえば、盲目の行為者が路傍で寝そべっている古老を生きていると誤解して刀で斬りつけた場合を考えてみよう。一般人もまた行為者と同じく古老が生きていると誤解した場合には殺人未遂罪を、一般人には死体と見抜けられた場合には、不能犯が成立するというものである。逆に、行為者には古老が生きていると、とくに認識できていたが、一般人に死体と誤解を受ける状態で寝そべっていたとしたならば、殺人未遂罪が成立するという考え方である。この説は、因果関係論における折衷的相当因果関係説と学理上の根拠を同じくし、刑法の行為規範性を重視する。

この所説に対して、不能犯か否かの評価につき、①抽象的危険説と一線を画すため、一般人の立場からの事前判断を標榜するが、『妥当な結論』を導くために行為者が特に知っていた事情を考慮に入れざるを得ないという点に問題があるとされている。因果関係論（折衷的相当因果関係論）で行為者の主観面を考慮に入れるのは、すでに実現している一定の構成要件的結果と行為とを結びつけるためであった。しかし、未遂犯では一定の構成要件的結果に

---

9 大塚仁『刑法概説総論』（4版、有斐閣、2008年）268頁。同旨、川端博『刑法総論講義』（3版、成文堂、2013年）509頁以下、大谷實『刑法総論』（4版、成文堂、2013年）215頁、福田平『刑法総論』（全訂5版、有斐閣、2011年）243頁など。

至る途中の段階にあるので、議論のレベルを異にする。ゆえに、一般人には知り得なかった事情につき、行為者がとくに知っていたからといって不能犯か否かの論議にそのまま付け加えることは、本来、責任論で取り上げられるべき、特別予防に関わる議論を、構成要件該当性あるいは一般人を規範の名宛人とする実質的違法性論に組み入れてしまう恐れを持つ[10]。このようなアプローチはオルトランによる批判を招くものでもある。すなわち、当該事件につき未遂に終わった行為者は将来再び犯行に及び得、そのときには結果の発生につながる手段や客体を選択するはずだという悪性格の立証に等しい議論を滑り込ませる余地を生むからである[11]。②他方でまた、一般人が認識し得た事情につき、『見た目の状況』に他ならないとする批判も見受けられる[12]。たとえば、先行行為者により頭を打ち抜かれて射殺された死亡直後の客体に対し、不能犯か否かの判断を迫られた場合、被害者の様子から、一般人であれば被害者の具体的な状況を見て「生死不明」とせざるを得ないとされれば、未遂犯なのか不能犯なのか判断不能に至る。他方、具体的危険説を妥当とする井田教授の論理構成に従い『まず客観的な事態の確認（および結果の不発生に関係する全事情の解明）が前提となる。現実の事態の確認を前提とし、結果の不発生に関係する全事情を明らかにした上で、それぞれの事情が一般通常人に認識可能であったか、そうでなければ少なくとも行為者が認識していたかを問うのである』とすれば[13]、次のようなジレンマに導かれやすいであろう。たとえば、一般人も行為者も正確に現実の事態を認識しえない状況であれば、まさしく犯罪の幻影を下敷きに、不能犯かどうかを評価せざるを得なくなる。たとえば、特殊詐欺につき、被害者側はすでに詐欺と見破り警察と協力して「だまされた振り」をしていた場合、だまされた振りとい

10　この批判は、井田良教授の所論『まず客観的な事態の確認（および結果の不発生に関係する全事情の解明）が前提となる。現実の事態の確認を前提とし、結果の不発生に関係する全事情を明らかにした上で、それぞれの事情が一般通常人に認識可能であったか、そうでなければ少なくとも行為者が認識していたかを問うのである』にも当てはまるのではなかろうか。井田良『講義刑法学・総論』（有斐閣、2008年）412〜413頁。

11　参照、中野・前掲注7）論文45頁参照［本書22頁］。

12　内山良雄「不能犯論─客観的危険説の立場から─」現代刑事法17号51頁。

13　井田・前掲注10）412〜413頁。

う事情は一般人にも行為者にも認識できていなかったとすれば、結果発生の危険はあったとされ、詐欺未遂罪が成立しうる。犯罪捜査の利便性を追求するのならば妥当な処理といえるが、オルトランの分析を基に考えれば、まさに「犯罪の幻影」をもって行為者を罰することにつながらないであろうか[14]。③さらに、不能犯か否かの評価につき、社会通念を基準に、しかも行為者の主観を排除し得ないところから、当該行為に伴う既遂結果発生の不安感を一般人が感じる程度であれば、不能犯と評価せず、未遂犯とする。しかし、科学的根拠に基づかない、こうした不安感情や危険の印象といったものに評価の基準を委ねることは法的安定性を害することにつながり処罰根拠としては明確性を欠くと言わなければならない[15]。

2　客観的危険説

本説は、行為者の主観的な認識事情を入れず、行為および行為後に判明した客観的な事情に基づいて、科学的見地から結果発生の可能性を評価する考え方である[16]。結果発生の可能性が一般的に不可能な場合と特別の事情のため偶然不可能となった場合とに分けられ、前者を不能犯、後者を未遂犯とする。この所説に対して、結果が未遂に終わった後から事後的に科学的な見地から結果発生の可能性の有無を評価すれば、すべての行為に結果不発生の原因が存在するので、すべての未遂は不能犯になるという常套的批判が加えられてきた[17]。そこでこうした批判をかわすために、行為時から結果不発生時に至るまでの事実関係の抽象化を施さない代わりに、科学的不確実性を根拠に、行為当時の条件に応じて許容されるズレの範囲で、結果発生の可能性を

14　類似の例は、暴漢に襲われて拳銃を奪われた制服警官が、加害者と格闘している最中に拳銃に弾丸を込めていなかったことを思いだし、むしろ加害者に自分の拳銃を発砲させることで彼が怯んだ隙に逮捕に及ぶ方が合理的だと見込んだ事例を考えても同じことがいえるであろう。行為者も一般人にも警官の携帯している拳銃には常に実弾が込められていると考えるのが社会通念だからである。

15　西田典之『刑法総論』（第2版、弘文堂、2010年）309頁、鈴木茂嗣『犯罪論の基本構造』（成文堂、2012年）356頁。なお、中野・前掲注7）論文34頁［本書11〜12頁］を参照。

16　中山研一『刑法総論』（成文堂、1982年）426頁。

17　中義勝『講述犯罪総論』（有斐閣、1980年）199頁。

認めようとする所説も唱えられている[18]。しかしこの所論に対しても、科学的不確実性とは、原因究明が不完全であることを意味するのであり、これを根拠に、未遂の危険性を行為者に帰すことは妥当といえないなどといった批判が加えられている[19]。また、同様に行為時から結果不発生時までの事実関係の抽象化を施さず、行為の因果系列に結果発生の必要条件を欠いていたときには不能犯、行為が結果発生の必要条件を具備していたにもかかわらず、別の救助的因果系列の介入によって結果が発生しなかったときは未遂犯とする見解がある[20]。所論に対して、因果系列の切り分けの基準が明確化されていないことやそもそも複雑に事象が進行する現代社会では相互に独立して進行しているように見える因果系列であっても相互に関係を持つ場合もありうる[21]。背後にまわって被害者を射殺しようとして、撃つぞと声を上げて震える手で引き金を引いて弾が命中しなかった場合を考えてみよう。銃口が定まらなかったことによる未遂と考えれば、必要条件の欠如によって不能犯とされ、声を聞いた被害者が向きを変えたことで弾が命中しなかったと考えれば救助的因果系列の介入によって未遂であるとされ、評価が定まりにくいという難点を免れにくい。

　そこでアプローチの仕方を変えて、評価の対象となる事実関係について一定の抽象化を行う所説がある[22]。すなわち、『微細な具体的個別的事情まで問題にするのではなく、ある程度の抽象化が必要となる』とする見解である[23]。しかし、この所論に対しても、具体的な適用の場面で、行為時の客観的事情についても抽象化を認め、さらに抽象化の基準を示していないとの批判が加えられている[24]。

18　村井敏邦「不能犯」芝原邦爾ほか編『刑法理論の現代的展開総論Ⅱ』（日本評論社、1990年）182頁。

19　佐伯仁志「不能犯」西田典之ほか編『刑法の争点』（有斐閣、2007年）91頁。

20　宗岡嗣郎『客観的未遂論の基本構造』（成文堂、1990年）22頁。

21　林陽一「不能犯について」『松尾浩也先生古稀祝賀論文集』（上巻、有斐閣、1998年）388頁、佐藤拓磨『未遂犯と実行の着手』（慶應義塾大学出版会、2016年）69〜70頁。

22　前田雅英『刑法総論講義』（6版、東京大学出版会、2015年）113頁。

23　前田雅英『刑法総論講義』（5版、東京大学出版会、2011年）162頁にある考え。

24　佐藤・前掲注21）73〜74頁。

　また、総じてこうした客観的危険説に対し、不能犯か未遂犯かの区別の合理的基準を示す必要があるが、これまでのところ、その試みは成功しているとはいえないと批判を受けている[25]。

　しかし、曾根威彦博士による議論にはオルトランに通じる明快な分析が看取される。曾根博士は、行為後の不確定的要素に基づいて行為の危険性を判断する方向を模索する。彼も、危険の有無程度については、行為時における当該行為について行われるべきであるとして、①行為時の事情については、客観的危険説に立つ以上、事後的に判明した事情を含めすべての客観的事実を基礎に、法益侵害の事実的可能性を内容とする判断を加え、②行為後の事情については、それが行為時にありうるものと考えられる限り危険判断の基礎に置かれるとする[26]。①については、警官から奪取した拳銃にはいくら弾丸が籠められている蓋然性があるとしても、空ピストルによる発射行為として不能犯とする。さらに、②についてはピストルの銃口がずれて命中しなかった場合、不能犯を否定して未遂犯とするのは『拳銃を構えた当初から狙いがずれていたことが判明したとしても、その後の事象経過において介入してくる可能性のある不確定要素（実弾発射の衝撃や強風による弾道の修正、相手方が移動することによる弾道内への進入等）が存在する以上、なお危険を論じる余地は十分にある』からであるとされる[27]。そこで、曾根博士は、客体の不能に分類される事例について人身犯罪と財産犯の場合にわけ、やくざの抗争によりすでに死亡していたとされる被害者に日本刀でとどめを刺したとされる広島高判昭36年7月10日（高刑集14巻5号310頁）を引き合いに、事後的にみれば行為時に被害者はすでに死亡しており、生命侵害の危険が現実には発生しなかったのであるから、不能犯とされる。また、空ベッド事例を引き合いに出され、事後判断による客観的危険説によれば、客体は現実に存在しなかったのであるから法益侵害の危険は発生せず、不能犯とされる。ただし、被害

25　大谷實編『法学講義刑法1総論』（悠々社、2007年）260頁［川崎友巳］。

26　曾根威彦『刑法原論』（成文堂、2016年）487〜488頁。

27　以上、曾根・前掲注26）488頁。なお、曾根威彦・松原芳博編『重点課題刑法総論』（成文堂、2008年）［内山良雄］200頁。

者がツインの隣のベッドに寝ていた場合には未遂犯が成立する余地がある
が、それは空ベッドを狙った弾丸がその被害者に命中する危険があるからで
あり、具体的危険説がいうように被害者が空ベッドに寝ていた可能性がある
からではない[28]。次に、財産犯についてはスリが財布をすろうとして上着の
右ポケットに手を差し入れたが、空で、財布は反対のポケットに入っていた
ため未遂に終わったケースを引き合いに出し、不能犯を否定する。その理由
付けは、窃盗罪の行為態様が財物の占有侵害に求められる以上、被害者の直
接的支配下にある財布の占有侵害に対する危険性が発生したからであるとさ
れる。もっとも、被害者が財布を持ち合わせていなかった場合には、事実上
の占有侵害の危険性はなく不能犯とされる。すなわち、財産犯（奪取罪＝占有
移転罪）では客体の存否については攻撃の対象としての被害者の占有の有無
が基準となるとされる[29]。他方、方法の不能については、３通りに事例を類
型化され、①手段として使う物を錯誤によって取り違えた場合、②手段の作
用について錯誤がある場合、③手段の持つ効果について錯誤があった場合と
に分ける。①について、被害者を毒殺するために戸棚から毒薬を取り出そう
として誤って隣にあった無毒の瓶を取り出して被害者に飲ませた事例を挙げ
ている。これについて、曾根博士は従来から手段の絶対的不能とされてきた
場合であり、不能犯とされる。②について、福岡高判昭28年11月10日（高刑
判特26号58頁）の事案を元に勤務中の警官からピストルを奪取して引き金を引
いたが実弾が装填されていなかったため発射しなかった事例を挙げている。
事後判断に立脚すれば空ピストルの発射という事実が判断基底におかれるた
め不能犯とされる。③について、不能犯となる場合と未遂犯となる場合とに
分かれるとする。硫黄による毒殺事件につき判断した大判大６年９月10日
（刑録23輯999頁）を例に、危険の存否や質に関わる問題であり絶対不能に当た
り、他方、被害者の両腕に空気を注射したが致死量に達しなかったので未遂
に終わった最判昭37年３月23日（刑集16巻３号305頁）を例に、不能犯論におい
て科学的・物理的事情を基礎としつつも、危険性という評価的判断が不可避

28　曾根・前掲注26）489～490頁。
29　曾根・前掲注26）490頁。

である以上、危険の程度・量が問われている本件について空気の量自体が致死量に達していなくても、その余の不確定要素を考慮に入れると生命侵害の現実的危険が発生したと評価できるものである場合には相対的不能として未遂犯が認められ、空気の量がきわめて微量の場合は、不確定要素を考慮しても危険は認められず、不能犯とされる[30]。曾根博士の立場は、行為時に結果発生が現実化する事情のうち不確定要素が含まれるか否かによって不能犯か未遂犯かが判断されていることがわかる。この行為時を実行の着手時と同じであると考えれば、実はオルトランの議論と重なる面があるといえ、オルトランのアプローチがなお依然として現代の我が国を代表する刑法家の中に生きていることを知るのである。

3 修正客観的危険説

客観的危険説は、結果が発生しなかった原因を究明することに注意が向けられたが、修正客観的危険説では、それだけではなく、行為時から結果不発生時に至るまでの事実関係の抽象化を行うのではなく、いかなる事情の変更があれば結果が発生し得たか、そして、その事情の変更はどの程度の蓋然性があったのかが究明されなければならないとの関心から導かれた考え方である[31]。本説は、これまで客観的危険説に向けられた常套的批判をかわすため、結果発生の可能性判断も行為後に明らかになった客観的全事情を評価の資料に置き、結果が発生しなかった場合において、実際に存在した事情に代えて、いかなる事情が存在すれば、科学法則上結果が発生するかを問い、科学的一般人からみて、仮定的事情がどの程度存在し得たかを基準に置いて、事後的に危険性の評価をすべきであるという考え方である[32]。このアプローチは、その行為に含まれる結果発生の可能性の評価ではなく、評価の前提となる事情を人為的に差し替えた操作的判断に基づくフィクションによる仮定上の蓋然性評価である。一般人が事後的にありえたことだと考えるかを基準に

---

30 曾根・前掲注26)490〜492頁。
31 西田・前掲注15)311頁。
32 山口厚『刑法総論』（3版、有斐閣、2016年）290頁。

して判断されることにあるとされるが、その判断のなかに「一般人による事後的な危険感」を含ませることで、結論を具体的危険説に接近させ、ドラスティックな判断を回避し得るという点では頗る示唆に富む考え方である。このアプローチに対する甲斐克則教授の批判として、理論としては、純事後的な科学的判断を前提にした判断を貫くべきであろう[33]とか、危険性の評価が結局、事前判断に接近するとして問題視する見方が客観的危険説の論者から加えられている[34]。これと関連して、そもそも仮定的事実として考慮に入れられる事情の範囲について明確な制限がなされていないといった批判が加えられている[35]。いずれの説を採るかそれぞれに課題を含み、議論は絶えないが、危険性の評価が明晰で評価者による恣意が最小限にとどまるように工夫が凝らされた構成となっているのは、修正客観的危険説の要諦をなす仮定的蓋然性の存在可能性を問う考え方の方が具体的危険説よりも優れて分析的で理にかなっていると評価できる。

　ところで、修正客観的危険説の主唱者である山口厚教授は最初期の著作『危険犯の研究』（東京大学出版会、1982年、168頁）では客体の不能、死体に対する殺人企行を例として殺人未遂罪の成立を否定して、明快に不能犯の成立を肯定する考えを明らかにされていた。

　ところが、そのあとの論考においては、所論を微妙に緩和されて、必ずしも不能犯とする判断をとらないとする言説が明らかにされた。そこでは、仮定的な危険性評価のほかに、具体的な被害法益に対する現実的な危険の発生を要求するという限定基準を『併用する』ということで、客体の不能について未遂犯の成立を否定することができるとされている[36]。おそらく、非限定説に立つ佐伯仁志教授らによる批判などがひとつの影響を与えたものと考え

33　甲斐克則「刑法におけるリスクと危険性の区別」法政理論（新潟大学）45巻4号101頁。

34　中山研一『刑法の論争問題』（成文堂、1991年）162頁。

35　内山・前掲注12）54頁。

36　山口厚『刑法総論』（2版、有斐閣、2001年）239頁、山口厚ほか著『理論刑法学の最前線』（岩波書店、2001年）201頁［山口厚コメント］。

られる[37]。その後、山口教授は、『現在においては、客体の不能事例を全面的に不可罰とする結論に固執してはいない』とされ[38]、『客体の不能が直ちに不能犯となるわけではない』とする[39]。この微妙な変化は何であろうか。

　山口教授の語る『具体的な被害法益に対する現実的な危険の発生』の詳細とはなんであろうか。この点で、山口教授の影響を受けた和田俊憲教授の研究に注意を払わなければならないであろう。

　和田教授による近時の優れた研究として、個人的法益に対する罪の未遂犯に関するものが注目される。これは客体の不能に限定した研究であるが、和田教授は、これまでの不能犯論の研究が総論的アプローチに偏し、各論的アプローチに乏しかった点に目をつけ、各犯罪類型ごとの保護法益に着目した研究を行っている。彼は、おもに個人的法益についてであるが、生命身体犯と財産犯（領得罪）とに分け、前者については客体の不能につき不能犯を認め、後者については不能犯を否定する。そこでは、単純に犯罪の客体が存在しないということだけではなく、さらに保護されるべき法益がはじめから欠如している場合（この世に存在しない場合）が不能犯とされ、未遂犯の成立が否定されるという巧みな論理が張られている[40]。

　すなわち、客体の不存在ではなく、被害者の不存在が修正された客観的危険説の処罰範囲に対する外在的な限定要素になるとされている[41]。

　彼は、①通常の侵害犯の未遂と②領得罪や一部の抽象的危険犯の未遂とで、不能犯における危険判断を分ける。①については、たとえば殺人罪における被害者の不存在が未遂を論じる前提を欠けさせるとされる。すなわち、現に生存する人の現に存在する生命に対して保護の範囲を拡張するだけで、法益主体を死者にまで拡張したり、法益をあり得た生命に拡張したりするも

37　佐伯仁志『刑法総論の考え方、楽しみ方』（有斐閣、2013年）352頁、さらに前掲注36）『最前線』186頁〔井田良コメント〕。

38　前掲注36）『最前線』201頁〔山口厚コメント〕。

39　山口・前掲注32）291頁。

40　和田俊憲「不能犯の各論的分析・試論の覚書」町野朔先生古稀記念『刑事法医事法の新たな展開』（上巻、信山社、2014年）240頁。参照、西田典之ほか編『注釈刑法』（1巻、有斐閣、2010年）657〜658頁〔和田俊憲〕。

41　和田・前掲注40）「不能犯論の各論的分析」240頁。

のではないから、客体がその場に存在した場合とこの世に存在した可能性とは扱いを使い分けるべきで、この世に存在しなかった場合は法益の不能として、死者について未遂を論じる前提を欠き、不能犯とする[42]。②については既遂罪においてすでに一般予防の必要が高い場合にはその未遂犯の可罰性の基礎付けについても一般予防の必要性が高いと認められ、客体の存否や不存在の理由を尋ねるまでもなく、不能犯ではなく未遂犯が認められるべきであるとされる。領得罪では、毀棄罪と比較してその法定刑の高さは、一般予防の必要性が高いことに求められ、狙った金庫が空でも窃盗未遂、残高のない他人名義の銀行口座からATMで出金を試みても窃盗未遂、窓口なら詐欺未遂、無一文の人に対する振り込め詐欺も詐欺未遂、強盗・恐喝の相手に手持ちがなくても強盗未遂・恐喝未遂であるとされる。建造物放火罪を例に抽象的危険犯においても万一結果が発生した場合その重大性に鑑みて予防の必要性によりその処罰を説明する見解に依拠したとすれば、領得罪の場合と同じく、既遂の可能性がほとんどなくても未遂罪が成立する。これは当該事件における危険ではなく、同様の行為が繰り返されることに基づく将来に向けた危険であるととらえるからであるとされる。不燃性建造物に対する放火未遂も認められるとされる[43]。

　こうした和田教授のアプローチをオルトランの不能犯論に重ね合わせてみると、実行の着手時に、結果発生に直接結びつく危険源に当たる具体的な被害者、あるいは攻撃の対象になる保護法益の実在が重要であるから、殺人未遂における「被害者の不存在」がオルトランの示したアプローチにおける結果発生の直接的危険源の欠如という発想につながり、領得罪や抽象的危険犯に示される一般予防の必要性こそがその犯罪の可罰性の根拠とされる場合には、殺人罪の場合と異なり、客体の存否や不存在の場合のその理由を問題とするまでもないので、結果発生の直接的危険源の所在に影響を及ぼさず不能犯の成立が否定されて未遂犯が成立するとオルトランの示したアプローチを再構成する途を開くものともいえよう。

42　前掲注40)『注釈刑法』657～658頁［和田］。
43　以上、和田・前掲注40)「不能犯論の各論的分析」239～240頁。

五　私　見

　以上、現在の特徴的な不能犯に関する学説を概観してみた。つぎに、若干の私見を述べてみよう。

　これまで学説の趨勢は、おもに不能犯に関わる評価を「いつ」の時点で行うのか、それから「だれ」の認識を基に、認識された事情をどこまで抽象化するのか、それとも抽象化しないのか、さらに、「なに」を基準において判断するのか、科学的根拠に依拠するのか、法秩序が動揺したという印象によるのかなどが主な論点になっていたかと思われる。

　そもそも我が国では、未遂犯について定めた刑法典第43条の規定の構造上、不能犯か否かの判断に当たり、まず実定法上明文化されている「実行の着手」の構成要件該当性の評価が未遂犯の違法性評価に先行しなければならない。すなわち構成要件該当行為であるためには、構成要件的結果実現の可能性を評価しなければならないということになる。ここでオルトランの説いた考え方が参考になる。すなわち行為の中に直接結果を生じる原因が現実に含まれているかどうかである。含まれていないのであれば、はじめから構成要件的結果の実現の可能性はゼロとすべきであり、当該犯罪についての未遂罪は不成立とするべきである。これまでに見てきた学説の動向に照らせば、曾根博士や和田教授の行ってきた議論が参考にされるべきである。

1　客体の不能

　たとえば、生命身体犯であれば、具体的な被害者が現に存在することである。ゆえに、医学的に死亡しているとの鑑定結果が裁判所によって信用できるものとされれば、殺人罪の構成要件で必要とされる人の概念に該当せず、死者にいくら銃撃を加えたからといって殺人未遂罪が成立するわけではない。なぜならば、刑法によって保護される法益が存在しないところに犯罪は存在しないからである。ただ、広島高裁昭和36年判決（高裁刑集14巻5号310頁）に見られるように被害者がすでに『死に一歩踏み入れておった』にとどまる

生死の限界上にある事案とすれば、前田教授のいうように生命には「一定の幅があり、『灰色の部分』が存在する」と考えること[44]が可能であり、殺人未遂罪を肯定することが可能となる。また、空ベッドへの射撃事例を取り上げてみると、客体はその場には現に存在せず従って法益侵害の危険はなく不能犯となる。これは、ベッドの中ですでに死亡していたとされる場合に加え、被害者が外出中で部屋にいない場合にも、不能犯となる。他方で、その部屋にほかに誰かがいる場合や隣ベッドに寝ていたとか、狙われたベッドからずり落ちて寝ていたなどの場合には、被害者に対して弾が当たる可能性が残されているので殺人未遂罪が成立しうることになる。他方、財産犯の場合には、現に財布など客体が存在していなくても、被害者の着衣の別のポケットなどに財布が入っていたなど事実上の占有侵害の危険が残されていれば、窃盗罪などの未遂犯となる。この場合、事実上の占有を保護法益と理解するからである。ところが、まったく懐中に持ち合わせがなければ、その被害者に対する占有侵害の危険ははじめから存在せず不能犯とせざるを得ないであろう（なお、その被害者以外にも他に通行人等が所在し得る場合については、本書77頁を参照）。

2　方法の不能

　曾根博士にならい、方法の不能を3つに類型化して、①手段として使う物を錯誤によって取り違えた場合、②手段の作用について錯誤がある場合、③手段の持つ効果について錯誤があった場合に分けて考えるのが合理的である[45]。方法の不能については客体の不能とは別の配慮が必要になろう。なぜならば、その場に刑法によって保護される法益は存在するからである。

　①につき、曾根博士は客観的危険説の立場から、行為者は被害者を毒殺しようと、薬品会社の戸棚から毒薬の入った瓶を取り出そうとして、誤って隣にあった無毒の瓶をとりだして被害者に飲ませた事例を挙げて、曾根博士は従来から手段の絶対的不能とされてきた場合であり、不能犯となると位置づ

44　前田・前掲注22)115頁。
45　曾根・前掲注26)490頁以下。

けておられる[46]。

　しかし、わたくしはこの見解に与することはできない。なぜならば、無毒の瓶を取り出したのは行為者の不注意に帰属し、無毒の瓶しか並んではいないところで、その一つを取り出して被害者に飲ませたわけではないからである。

　この場合には我々は果たしてどのように考えるべきであろうか。行為者が現に行ったその行為から毒薬の入った瓶を取り出す危険性がどれほどであったかを論じても意味はないであろう。何をもって危険とするかその基準の取り方によって結論が変わりうるからである。この場合には、行為者が行ったその行為が一般に許容されたときに生じることが予想される社会秩序の紊乱を判断基準として用いることを提案したい。すなわち、毒薬の入った瓶群のなかからとりだした一つの瓶の中身が無毒であったとしても、そうした犯行がかりに社会で放任されたと仮定した場合、もはや社会秩序が維持された状態とはいえないであろうからである。ひとつひとつの行為から生じる個別の結果そのものを論じてみれば、未遂犯はすべて不能犯と評価してもそれほど不合理とはいえない。むしろ、われわれが刑法で保護するのは、そうした個別の行為や結果（危険を含む）そのものではないはずである。究極に置かれるべきは日本国憲法第13条のもとで尊重される個人の生活利益（個人的法益）がもっともよく保護される社会秩序に結びつくものでなければならない。この視座から改めて、この事例を考えてみよう。行為者が被害者を毒殺しようとしてたまたまとりだした瓶の中身が無毒であったとしても、そうした行為が社会で放任されることは、無毒の瓶しか並べられていない薬品棚から取り出した場合は別として、人が毒殺される可能性がゼロとはいえないからである。ゆえに、行為者の錯誤により取り違えた場合は当該犯罪の未遂罪が成立すべきと考えるべきであり、不能犯が成立すべきとは評価すべきではない。

　②につき、曾根博士は手段として用いられた物の作用について錯誤があった場合で、手段として用いた物そのものは外形的に危険であるが、物理的現実的には不能の事例をいうとされて、勤務中の警官から拳銃を奪取して被害

46　曾根・前掲注26）491頁以下。

者に向けて引き金を引いたが、たまたま弾丸が装填されていなかったため発射しなかった、福岡高裁昭和28年11月10日判決（判特26号58頁）を例として示されている。これについて、曾根博士は事後判断に立脚する客観的危険説によれば空ピストルの発射という事実が基礎となるから不能犯とされる[47]。

しかしながらこの結論に対しても、わたくしは与しがたい。なぜならば、勤務中の警察官から携帯している拳銃を奪取して人に向けて発砲するということは、その事件については空砲であったとしても、これを取り締まりの対象とせず放任することはもはや社会秩序が維持された状態とはいえないからである。したがって、たまたま空ピストルで結果発生の危険が全くなかったとしても、われわれはこれを殺人未遂犯とせねばならない。

③につき、曾根博士は①と②が手段自体何らの危険性を持たない絶対的不能の事例であったのに対し、この場合には絶対的不能の場合のほか、相対的不能の場合とがあることを認める。前者にあたる場合（不能犯）が、判例でいうと硫黄殺人事件（大判大6年9月10日、刑録23輯999頁）とされ危険の存否・質に関わる問題であり、後者は危険の程度・量に関わる問題（未遂犯）であると位置づけておられる[48]。わたくしも硫黄殺人事件における不能犯であるとの判断は、呪詛で人を殺せると信じて丑の刻参りをした場合と同じく正当であると考える。人の死という結果が発生する原因が存在しないからである。しかし、危険の程度・量にあたるとする相対的不能についての曾根博士のとるアプローチの仕方には与することはできない。曾根博士は、被害者の静脈内に空気を注射して空気栓塞を起こさせてこれを殺害しようと企て、注射器で被害者の両腕の静脈内に1回ずつ合計30ccないし40ccの空気を注射したが、致死量に至らなかったため殺害の目的を達しなかった最高裁昭和37年3月23日判決（刑集16巻3号305頁）を例に出し、危険の程度・量が問われている本件において、空気の量自体が致死量に達していなくても、その余の不確定要素を考慮に入れると生命侵害の現実的危険が発生したと評価できる程度のものである場合には、相対不能として未遂犯が認められる、これに対し、

47　曾根・前掲注26）491頁以下。
48　曾根・前掲注26）491頁以下。

空気の量がきわめて微量の場合は、不確定要素を考慮しても危険は認められず不能犯となるとされる[49]。この結論には、わたくしも賛成するが、理由付けを異にする。なぜならば、空気は一般に人の血管内に取り込まれると血管内で栓塞を引き起こして医学上人を死に至らせる可能性を含む有害物質である。こうした手段のもつ効果について錯誤のあった場合、その行為を放任することは人の生命身体の安全に対する社会秩序が維持された状態とは評価しがたいのであるから、不能犯とするわけにはいかないのである。まさしく判例が、致死量に満たない空気の静脈への注射につき『被注射者の身体的条件その他の事情の如何』では死亡し得たとして殺人未遂を肯定したゆえんもまた、その行為を放任することにより被害者が偶々健康状態の優れない状況にあたり得る可能性も否定しがたいゆえにこそ致死量に満たない空気の注射による場合であっても殺人未遂と評価されるのである。もっとも、いかなる健康状態にあっても、死亡という結果が絶対に生じない空気の量というものが医学上想定されているのであれば、その量に達しない空気の注射は殺人罪については不能犯と評価される。

3　主体の不能

　さいごに、主体の不能の場合にどのように考えるか述べておこう。これについて、曾根博士は客観的危険説によれば主体の絶対的不能の場合であるから、当然不能犯となるとされる[50]。わたくしも、一定の身分のある行為者によってしかその罪を基礎づける法益を侵害することができない身分犯については、その身分を実際にもつ者にしか既遂犯はむろん、未遂犯も成立しないといわざるを得ないであろう。なぜならば、その罪について定められた法益を、身分を欠いた行為者は侵害することがおよそ不能であるから。

49　曾根・前掲注26)492頁以下。
50　曾根・前掲注26)492頁以下。

六　むすびにかえて

　以上で、オルトランの不能犯に関するアプローチに示唆を受けて、客体の不能、方法の不能、主体の不能といった各不能犯についての考察と若干の私見による提案を終えたい。

　現在の我が国では、ドイツの精緻な理論に学ぶ傾向が強い。ドイツから学ぶところが大きいことは否定できない。しかし、理論の精緻さが重んじられるのは、それがフランス折衷学派の旗頭とするところである正義と効用にかなうということだからであろう。すなわち、刑法のあり方、本書では未遂犯論のあり方はどのようなものであるかを学び、それをドイツの理論とともに、複眼的視座から未遂犯論、ひいては刑法理論を学ぶというという仕方である。

　本書では、もっぱら、オルトランの不能犯論で明示されたアプローチに注目をして、なお現在の著名な刑法学者らの議論の中にもその精神が見いだされ、生き続けているのではないかと述べてみた。

　顧みれば、我が現行刑法典はオルトランらから強い影響を受けた旧刑法典の改正の上で成立したわけである。不能犯や実行の着手について論じるとき、必ず参照されなければならない現行刑法第43条所定の実行の着手の概念それ自体も、1810年のフランスナポレオン刑法典第2条やその影響の下で立法化されたドイツの1871年ライヒ刑法典43条1項の影響の下にあることは疑いを入れ得ない。してみれば、フランス刑法学、とりわけ我が国の初期の刑法理論と刑事立法とに強固なる礎を与えたオルトランなどの考えにも充分に注意を払い、我が国の学説史を踏まえ研究分析する必要が大いにあるといわねばならないであろう。

第 3 章

不能犯論
——客観的危険説を基点とした多元的不能犯論——

一　はじめに

1　不能犯とは何か

　高橋則夫教授によれば、不能犯とは、「一定の行為によって結果（法益の侵害・危険）が発生しなかったことを前提として、それにもかかわらず、その行為が法益への危険を発生させる可能性があったか否かを問うものである」と指摘されており[1]、その規範論の当否は措いて、危険発生の可能性の存否を問うという点では認識を同じくするものである。応報的視点から、不能犯についても、一定の危険の発生を問う見解が有力であるところ[2]、わたくしは、未遂犯としての処罰に必要な実害に近い高度の可能性は不要であると考えている[3]。すなわち、結論として、不能犯の判断とは、オルトラン（J. L. E. Ortolan, 1802～1873）の論法を引けば、因果関係の起点となる原因がゼロの場合となるであろうし、あるいは裁判官の思考経済上、原則として刑罰を科す必要の『全くない』ものであることが明らかな場合を実行の着手の判断に入る前

1　高橋則夫「不能犯における『行為規範と制裁規範の結合』」増田豊先生古稀祝賀『市民的自由のための市民的熟議と刑事法』（勁草書房、2018年）186頁。

2　佐伯仁志『刑法総論の考え方・楽しみ方』（有斐閣、2013年）351頁。

3　同旨、佐藤拓磨『未遂犯と実行の着手』（慶應義塾大学出版会、2016年）82頁、さらに樋口亮介「実行行為概念について」『西田典之先生献呈論文集』（有斐閣、2017年）34頁。なお、不能犯とは、およそ不可罰とされてしまう場合であるから、実行行為に必要な危険はきわめて程度の低いものとしなければ不合理であるとするのは、柏木千秋『刑法総論』（有斐閣、1982年）156頁。

に排除しておくと述べることもできるであろう[4]。

2　不能犯と実行の着手との関係

　また、わたくしは、オルトランにならい、不能犯の成否も、実行の着手の成否の問題と同じく、ともに「実行行為」の成否の問題であるとも認識している[5]。例えば、放火の故意を持ち、古紙の山に点火したが、そこはじつはゴミ処理場に併設された焼却炉を兼ねた室内に所在しており、一般人であれば誰でも焼却室であると気がつく部屋であったところ行為者だけが焼却室であることに気がついておらず、放火を企てた事案を考えてみれば明らかであろう。我が43条の構造に鑑みて、実行の着手はあるが、事案は不能犯であるとの判断は奇妙であろう。犯罪の実行の着手の評価に入る前に、不能犯の評価を下しておけば思考経済上合理的であって、不能犯も、実行の着手とともに統一的な基準をたてて解決を図る必要があろう。

3　不能犯と既遂犯の関係

　他方、あまり指摘されてはこなかったが次の視点もまた重要であろう。構成要件的結果が生じれば既遂罪が成立すべき行為から、たまたま結果が生じなければ未遂罪とするのは道理にかなっている。ところが、構成要件的結果が生じなければ不能犯と評価されるべき行為（迷信犯など）から、たまたま結果（呪いをかけられていることに気を病んだ被害者がそのために衰弱死した）が生じても（因果関係を欠くと評するか否かは措くとして）、殺人罪としては無罪とせねばならないのが道理であろう。未遂であれば不能犯であるところ、構成要件的結果が発生すれば既遂罪が成り立つというのは深く考えると論理矛盾といわざるを得ないのではあるまいか。不能犯の問題は従来未遂犯の問題としてのみ扱われてきたかと思われる。かくなるように、じっさいには既遂罪との関

4　オルトランの論についての紹介は、中野正剛「オルトランの未遂犯論」刑法雑誌55巻2号42頁以下［本書20頁以下］参照、同『未遂犯論の基礎』（成文堂、2014年）55～56頁参照。こうした考えは、訴訟の煩雑さを回避する上で有用と説く、岡田侑大「不能犯と規範構造の関係について」早大法研論集150号100～101頁にも見ることができる。

5　中野・前掲注4論文42頁以下［本書20頁以下］。

係も念頭に置かなければならない問題であるとも認識しておかなければなるまい。

4　不能犯の判断

　先般わたくしは、日本刑法学会大会（2015年）での個別報告で、明確性の原則に即して不能犯の評価基準も策定されなければならないと、オルトランに学び研究報告をした[6]。そこで、研究報告の内容を踏まえ、自説の一端を、前稿「不能犯論・覚書」（川端博ほか『理論刑法学の探究⑩』成文堂、2017年）（以後、「前稿」と記す）［本書第2章］で具体的に述べた。ここで注意したことは、評価基準（評価の時点と評価主体）と評価対象をめぐり時として明確さを欠く「危険」という概念をなるべく用いないようにしながら不能犯の判断基準を定立することはできないかということであった。そこで、新倉修名誉教授による分類[7]にならい、不能犯論を不能論的アプローチと危険論的アプローチとに大きく分け、オルトランによる所論を前者に位置づけた[8]。わたくしが着目したのは、絶対的不能相対的不能説（客観的危険説）のアプローチである。佐藤拓磨教授は、すでにわたくしの所説を前田説に引きつけて正当にも客観的危険説と位置づけておられる[9]。拙著『未遂犯論の基礎』（成文堂、2014年）

6　中野・前掲注4）論文45～46頁［本書23頁］。

7　新倉修「不能犯」阿部純二＝川端博『基本問題セミナー刑法(1)総論』（一粒社、1992年）279～280頁。

8　なお、私見に対する反対説として、末道康之「フランス新古典学派の未遂犯概念に関する一考察」南山法学41巻3・4号293頁がある。その当否を論じるには、オルトランとボアソードが実際に掲げた用例のさらなる集積が待たれよう。また、ボアソナードが時の司法卿大木喬任らに捧げたフランス語で認められた旧刑法改正注釈書の性格は立法提案であって、彼固有の学説を認識するための刑法書と位置づけるには慎重である必要があろうかとも思われる。ともあれ、井田良教授の所説の影響を受け具体的危険説をおとりになる末道教授の不能犯理論の背景を知ることができる重要な文献であることには相違がない。

　　さらに近時、東條明徳准教授による注目すべき論攷が現れた。その主眼は、実行の着手論におかれたものであるが、イタリアで法学を学び、フランスで刑法書を著したロッシこそがフランスの不能犯論の嚆矢であると原典に当たり指摘されている。東條明徳「実行の着手論の再検討(1)」法学協会雑誌136巻1号255頁以下、また、同「実行の着手論の再検討(2)」法学協会雑誌136巻3号196頁以下では不能犯論をフランスに先駆け行ったのはイタリアのロマニョジであることも原典に依拠し指摘をしている。

9　佐藤・前掲注3）73頁。なお、近時、前田雅英教授は具体的危険説に立たれることを明らかにされた。前田雅英『刑法総論講義』（7版、東京大学出版会、2019年）119頁。

で明らかにしたように、この絶対的不能相対的不能説（以下では今日の一般的用法に従い、客観的危険説と表記する）のアプローチはすでに我が国黎明期の刑法学の礎を築いた考え方でもあった。

　本章を起こすに当たり、近時、重厚なる研究書、原口伸夫『未遂犯論の諸問題』（成文堂、2017年）、佐藤拓磨『未遂犯と実行の着手』（慶應義塾大学出版会、2016年）が立て続けに上梓されたのを目の当たりにして、今さら何を付け加えるか？の感もなきにしもあらずだが、原口説は具体的危険説、佐藤説は修正客観的危険説の立場に立ち、わたくし自身とは異なる立場にあるので、若干の異見を述べる次第である。

二　前章の要約（補遺）と本章の帰結

1　前章で明示した不能犯の判断基準の要点

はじめに、前章で明示した不能犯の判断基準につき要点を述べておく。

　オルトランの説いた考えを下敷きに、行為の中に直接結果を生じる原因が現実に含まれているかどうかという視点を中核においた、構成要件段階で機能する不能犯論の構成である[10]。法益保護を中心に置き、事後的、科学的に評価して、個別事案において保護されるべき法益がはじめから欠如している場合を不能犯と評価するべきであるとの方向性を明示した（絶対的不能）。

　ほかに、すでに別稿[11]で明示してある項目であるが、私は修正定型説の立場に立ち、次の各場合も構成要件該当性の段階で定型性を欠き絶対的不能に当たるものと考えている。すなわち、犯行の手段が構成要件上限定されている、昏睡強盗罪（239条）などや行為の主体が構成要件上限定されている涜職

10　中野正剛「不能犯論・覚書」川端博ほか『理論刑法学の探究⑩』（成文堂、2017年）233頁［本書46頁］。

11　中野正剛「定型説の立場からの事実の欠如における『本質的な構成要件要素』に関する一試論」沖縄法学50号1頁以下参照。そこでは、團藤重光博士の定型説に学んで、もっぱら実行行為の類似した他の罪と識別されるべき構成要件要素や、その罪の成立にとり必須とされる構成要件要素を本質的構成要件要素と位置づけ、本質的構成要件要素の認識の仕方を述べている。

罪（193条ほか）、行為の際の状況が限定されている消火妨害罪（114条）などは他罪との関係から限定されている要素を欠く場合には当該犯罪の構成要件該当性が認められないので構成要件該当性がなく未遂罪も既遂罪も成立し得ない場合に加えて、さらに法律・制度・慣行を理由にして定型的に結果の生じ得ない場合も不能犯にあたると考える。

　たとえば、訴訟詐欺の事案で、借受金の利息の一部の支払いを免れるため、抵当物件の任意競売開始決定に際し、行為者が異議を申し立てるため、債務の一部履行の事実を証明するための債権者名義の変造一部弁済領収書を作成しこれを裁判所に提出したものの、民事訴訟法、競売法（いずれも当時）の規定により、異議申し立ての裁判では領収書などに基づいて弁済の事実を調査することが司法手続上はじめから予定されず、決定を下すことになっているので、裁判所に対する詐欺未遂の成否を論じる必要がないといった場合も、絶対的不能に分類される。参照判例として、大判昭2・6・20刑集6巻216頁。

　また、一般線引き小切手を銀行窓口に差し出して現金の交付を得ようとする場合、手形小切手法（当時）上あるいは銀行のとる取引慣行上、行為者が支払人の取引先を装うなどしない限り、当該小切手の換金は不能である場合も絶対的不能にあたると考えている。参考判例として、東京地判昭47・11・7刑月4巻11号1817頁がある。

　さらに、略式命令謄本の罰金額の記載を改ざん変造して検察庁徴収係事務官に提出の上、罰金額の納付を一部免れようとした事案につき詐欺未遂罪の成立を否定したが、その理由として罰金徴収手続きについて徴収事務規定に従い納付者から罰金として現金が郵送された場合は徴収係員が必ず徴収金原票により罰金額を確認した上で送付金がこれに満たない場合には調査などすることが手続き上要請されている取扱いとされている以上、罰金差額につき徴収係員を欺罔することは想定できず、不能犯に当たる。参考判例として、水戸地判昭42・6・6下刑集9巻6号836頁がある。

　他方、これ以外を一律に未遂犯（相対的不能）と位置づけるのではなく、さらに違法性の観点から、「社会秩序の紊乱」を基準に置くことで不能犯か未

遂犯かを判別すべき場合のあることも述べている。

　前者は、構成要件的結果発生に必要な条件の単純な存否に関わることから形式的判断になじむ構成要件該当性レベルでのテーゼ、後者はその行為が行われた時と場所に応じて判断にグラデーションを帯びることから発展的動的過程を実質的に判断する実質的違法性レベルでのテーゼである。両者を併せて不能犯論を構成するので、多元的不能犯論の立場に立つ[12]。

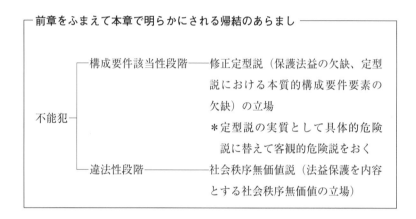

　2　前章で示した不能犯の事例——保護される法益の欠如、定型性の欠如

⑴　**客体の不能の例**

㋐　生命身体犯（生命身体の安全の保障を法益とする）

　　①　医科学的には死亡しているとの鑑定結果を裁判所が信用した死体に対する殺人行為（不能犯）。

　　②　客体がその場に現に存在しないため法益侵害の危険がない場合。

　　　　たとえば、ベッドの中で死亡していた場合に加え、被害者が外出中で在室していない場合でのベッドへの射撃行為（不能犯）。

　　　　＊その部屋にほかの誰かが在室していた場合や隣のベッドに寝てい

────────────────
12　2段階で、不能犯論を構成されている論者として、西山富夫「未遂犯の違法性と責任性」井上正治博士還暦祝賀『刑事法学の諸相』（上巻、有斐閣、1981年）73頁以下、大谷實『刑法講義総論』（新版5版、成文堂、2019年）381〜382頁。

たとか、狙撃されたベッドからずり落ちて寝ていたなどの場合には、被害者などに対して弾が命中する物理的可能性が残されているので殺人未遂罪が成立する。

(イ)　財産犯（事実上の占有を法益とする）

③　まったく懐中に持ち合わせのない被害者だけに対する窃盗行為（不能犯）。

＊被害者の着衣の別の場所に財布が入っていた場合には、事実上の占有侵害の危険が残されており、窃盗未遂罪が成立する。

(2)　**方法の不能の例**

①　手段として使う物を錯誤によって取り違えた場合（不能犯）。

無毒の瓶しか並んでいない場所で、毒入り瓶と錯覚してその１つを取り出して被害者に服用させたばあい（不能犯）。

＊１つでも毒入り瓶の並んでいる場所から、毒入り瓶と錯覚して無毒の瓶を取り出して被害者に服用させた場合は殺人未遂罪。

②　手段の作用について錯誤がある場合。

勤務中の警官の携帯していた銃を発砲したところ空砲であった場合、殺人未遂罪。

③　手段のもつ効果について錯誤のあった場合。

人の死という結果を生じさせる原因が存在しない硫黄による毒殺事例は、迷信犯と同じく、不能犯。

致死量に満たない量の空気の注射の場合、殺人未遂罪。ただし、医科学上、人の死亡という結果が絶対に生じ得ない空気の量が定説化されている場合には、不能犯。

（補遺）

④　法律・制度・慣行を理由に絶対に結果の生じ得ない場合も不能犯。

たとえば、訴訟詐欺の事案で、借受金の利息の一部の支払いを免れるため、抵当物件の任意競売開始決定に際し、行為者が異議を申し立てるため、債務の一部履行の事実を証明するための債権者名義の変造一部弁済領収書を作成しこれを裁判所に提出したものの、民事

訴訟法、競売法 (いずれも当時) の規定により、異議申し立ての裁判では領収書などに基づいて弁済の事実を調査することが司法手続上はじめから予定されず、決定を下すことになっているので、裁判所に対する詐欺未遂の成否を論じる必要がないといった場合 (絶対的不能)。

一般線引き小切手を銀行窓口に差し出して現金の交付を得ようとする場合、手形小切手法 (当時) 上あるいは銀行のとる取引慣行上、行為者が支払人の取引先を装うなどしない限り、当該小切手の換金は不能である場合 (絶対的不能) など。

⑶　**主体の不能**

一定の身分を欠くことにより、その罪の犯罪性を基礎づける法益を侵害できない場合、不能犯。

三　応　答

さいわい、前稿「不能犯論・覚書」[本書第2章] につき同学の士から、その内容につき、懇切なご質問を戴いているので、了承を得て、その要旨とわたくしの回答をここに紹介して、本章をお読みいただく読者の便宜としよう。

1　問　い

「V　私見」において、「行為者の行った『行為』を放任することが社会秩序の紊乱につながるか否か」を不能犯か否かの判断基準とする見解が示されている。この判断基準が明確にされたことの反面で、却って浮き彫りになる疑問がある。それは、評価の対象として行為者の行った行為をどのように切り分けようとしているのかということである。

すなわち、毒殺未遂事例で、中野が示す「行為者が被害者を毒殺しようとしてたまたま取り出した瓶の内容が無毒であったとしても、そうした行為が社会で放任されることは、無毒の瓶しか並べられていない薬品棚から取り出

した場合は別として、人が毒殺される可能性はゼロとはいえない」として、現実には薬品棚から無毒の物質が入った瓶をとり出していたとしても、当該行為の殺人未遂罪としての可罰性を肯定している。そうすると、ここでは、無毒の瓶しか並べられていない薬品棚から取り出した場合は別として、「実際に毒薬の入った瓶も存在する薬品棚から瓶を取り出して人に投与する行為」が社会で許容された場合に、社会秩序の紊乱が生じるか否かが論点とされるわけだが、現実の事案では無毒の瓶が用いられたことは、社会秩序の紊乱につながるか否かの判断に当たり、捨象されているのではないか。

　ほかにも、空気注射の事例についても、現実の被害者の健康状態を捨象しているのではないか。つまり、中野の見解では「当該行為時の当該被害者との関係で、絶対に被害者が死なない量の空気の注射」という行為が社会で放任されることを可とするかを問題にしているわけではなく、実際の事案においては絶対に被害者が死なない量であったとしても、一般に「空気を人の血管に注射する行為」が放任されることは社会秩序の紊乱につながりうるため、未遂として処罰することが必要だとしている。

　そうだとすると、中野の見解からも、社会秩序の紊乱という判断基準における判断対象となる行為は、現実の行為との関係で一定の類型化・抽象化を行ったものであるといわざるを得ず、そうであるとすれば、その類型化・抽象化の基準は何かということがさらに問われざるを得ないと考える。従来の使い古された分類法に従うと、中野の見解では、不能犯の「判断基準」は明確になったけれど、「判断基底」の方はさらなる問題として積み残されたと思う。

2　応　答

　前章では紙幅の関係から、「判断基底」すなわち評価の対象としての「行為論」の説明を省略していたことから生まれた批評と考えた。

　わたくしの行為論の研究は、構成要件の想定する行為と行為者の実際にとった行為との相関関係の分析から始められた。つまり、実質的違法性の評価が、なぜ人の行為に結びつけられて行われるのかを考える。

①「法がその時その場所で一般に命令禁止する行為とその結果」と②「その行為者が実際にその時その場所で行った行為とその結果」とが存在論的に両立し得ない意味連関をもつことが違法性の実質（社会秩序の紊乱）と考えている。未遂犯（不能）の違法性に結びつけて説明すれば、「法がその時その場所で一般に命令禁止する行為」と「行為者が実際にその時その場所で行った行為」とが両立しないことが、違法なのであると考えるわけである。

　無毒の瓶しか並んでいない具体的な状況下で、繰り返し行為者が毒の入った瓶を探して毒殺に使用しても、両者は両立する。無毒の瓶しか並んでいないところで、なんども毒入りの瓶を探しても、毒入りの瓶はないからである（不能犯）。ところが、毒入り瓶のある薬品棚から無毒の瓶を取り違えて毒殺に使用した場合はいかがであろうか。行為者がその時その場所で行った行為（毒入り瓶の混じった場所と時間に無毒の瓶を選び取ったこと）は、法がその時その場所で命令禁止する行為と両立するであろうか。毒入り瓶の選択される可能性がゼロといえない場所で、無毒の瓶を行為者は選び取ったに過ぎない。両者は両立し得ないとなる（可罰的な未遂犯）。もっとも、毒入り瓶が棚の中にではなく、じっさいには一般人にも行為者にとっても目の届かない天井裏や行為者も気がつかなかった隠し部屋の中の棚に実在した場合も考えられる。この場合には現実世界には毒入り瓶が行為者の手の届く範囲にあったといえなくもない。しかし、行為者が犯行の際に行動した範囲のなかに実際に毒入り瓶が現在していなければ、なかったものと扱わなければならないと考えている。あくまでも、彼が行動した空間の中に毒入り瓶が現在していなければならない。行為者の行動した範囲の外にある世界の出来事まで評価対象に取り込んでしまうことは行為者のとった行動範囲内で評価されるべき刑事責任の土俵枠を無限に拡張することにつながり妥当でないと考えるからである。

　これが、わたくしの行為論である。すなわち、行為者が実際にとった「行為」だけを視野に入れ込んで評価の対象と設定するのではなくて、それと、法の想定する行為（その時その場所で人はどのように行為するべきか——例えば、毒劇物のしまってある薬品棚から薬品を取り出す行為をするな）と比較して、2つの行為は両立するかしないかを問うわけである。その薬品棚に毒入り瓶がゼロの

場所と時間に行為者が錯覚して毒入り瓶と思って取り出しても法の想定する行為と両立する。毒入り瓶のないところで瓶を探して殺人の材料に使っても、そのことによって惹起される社会秩序の紊乱はないといえるからである。ところが、1つでも毒入り瓶のある棚からという場所と時間に、行為者が取り違えて無毒の瓶を殺人の材料に使っていた場合、法の想定する行為と両立し得ず、社会秩序の紊乱があると考えるわけである。

　行為者の行為の構造だけを取り出して考えるのではなく、それと対応関係にある法（構成要件）の想定する行為の構造と両立するかしないかを常に考えるわけである。これが、わたくしの行為論である。ゆえに、不能犯か否かの評価の対象も、行為者の行為だけを取り出して論じているわけではなく、その行為が行われた場所と時間に毒入り瓶が存在したのか否か？他方、空気注射の事例に当てはめて述べれば、空気は人体に取り込まれることで血管内に空気栓塞をもたらす可能性を持つという点で有害物質であること、さらに判例（最判昭37・3・23刑集16巻3号305頁）の事案では遺伝性梅毒に罹患した健康状態にある被害者を対象にした空気注射事例であるので、その空気注射の行われた場所と時間を前提に考えれば、両者は両立せず、したがって、不能犯は成立せず可罰的な未遂犯と評価を受けるのである。けっきょく、「判断基底」すなわち、評価の対象の範囲と限界は、行為者の実際にとった行為のみならず、法の措定する行為との相関関係で決まる。行為者がその時その場所で行ったその行為の構造だけを取り出して不能犯か否かを考えているわけではないのである。

3　再び問い

　ある具体的な、特定の時間、場所において、社会秩序の維持のために、法が行為者に何を命じているかを問題とするわけであろう。そうすると、最初の発問で尋ねた、どのような判断基底に基づいて行為を切り出してくるかというプロセス自体が不要になるということがわかった。他方で、このような行為論を採った場合、古典的な行為無価値論との関係はどのような関係に立つのか。

4　応　答

最後の問い、古典的な行為無価値論との関係はどのような関係に立つのか
は、不能犯の問題だけに収まりきれないので別稿で明らかにしたい[13]。

四　私見の基本的な立場

まず、私見では「社会秩序の紊乱」を違法性判断の要に置くので、それが
どのような基本的立場から導き出されてくるのかを、本章で詳しく述べてお
こう。

1　問題の所在——法益侵害説と規範違反説

違法性の実質について大きく分類すると2つの流れが一般に認められる。

そのうちの一つは、個別具体的な行為が、他者の保護法益を侵害したとき
に、違法性があるとする考え方（法益侵害説）。いまひとつは、行為そのもの
の持つ性質の中に違法性の実質が含まれているとする考え方（規範違反説）が
ある。

前者の考え方を純化すると、違法性を純粋に客観的な（間主観的な要素を排
除した）評価規範違反と理解し、評価の対象も客観的に存在したすべての事
実を基礎におき、間主観性を排除した科学的知見に準拠し、事後判断に徹す
るという方向に赴くことにつながろう。そこでは、被害者を狙撃したところ
始めから空砲であったため射殺し損なった場合には、違法性評価の構造上、
事案を不能犯として処理せざるを得ない場合が生まれる。その理解が妥当と
すれば、未遂処罰規定が形骸化することを懸念せざるを得なくなる。法益と
いう観念を知らなかったものの、オルトランが、客体の不能を不能犯とした
論理に通じる。すなわち、結果発生につながる直接的危険源が欠如し、その

13　なお、行為論や構成要件論、有責性との関係や共犯論の構成などを概観したものとして、す
　　でに簡単な教科書として中野正剛『刑法通論』（伊藤書店、1998年）がある。なお、私は4分法
　　体系を採り、構成要件論では定型説に与する。

結果として不能犯が成立するという論理である[14]。そこで、たとえば不能犯の成立範囲を制限し未遂犯が成立する範囲を拡張しようと工夫を凝らせば、「個別具体的なその事案」に即して、結果が生じるための科学的不確実性を考察したり（村井敏邦教授、林陽一教授[15]）、仮定的事実の存在可能性（山口厚教授、松原芳博教授[16]）、あるいは行為時から結果不発生へとつながる因果系列の切り分け（宗岡嗣郎教授[17]）や「事実関係の抽象化類型化」といった作業工程（前田雅英教授ら[18]）を通じて未遂犯として処罰する間隙をもうける方向（アクセル）に赴かざるを得ないであろう。つまり、未遂処罰の拡張へと向かう解釈論的トレンドである。客観的危険説や修正客観的危険説に連なる一連の所説がその代表であろう。

　後者の考え方をとると、確かに結果の生じないケースであっても当該行為の持つ結果惹起へと向かう潜在的な危険性を取り上げれば、その危険性を中核にして、たとえ何らの結果が生じていなくても未遂犯として処罰することが可能になるだろう。たとえば、行為の主観面を尊重して理論構築すれば抽象的危険説（木村亀二博士[19]）に、また行為の客観面を尊重して理論構築すれば具体的危険説（井田良教授、大塚仁博士、大谷實博士、川端博博士、團藤重光博士、野村稔博士、原口伸夫教授らの主張されるもので通説[20]）などにつながるだろう。構

14　中野・前掲注4）書53頁。

15　村井敏邦「不能犯」芝原邦爾ほか編『刑法理論の現代的展開総論Ⅱ』（日本評論社、1990年）182頁以下、林陽一「不能犯について」『松尾浩也先生古稀祝賀論文集』（上巻、有斐閣、1998年）388頁。

16　山口厚『刑法総論』（3版、有斐閣、2016年）290頁、松原芳博『刑法総論』（2版、日本評論社、2017年）336頁。ほかに、小林憲太郎『刑法総論の理論と実務』（判例時報社、2018年）468頁以下、佐伯仁志『刑法総論の考え方・楽しみ方』（有斐閣、2013年）350頁以下、西田典之『刑法総論』（2版、弘文堂、2010年）311頁など。

17　宗岡嗣郎『客観的未遂論の基本構造』（成文堂、1990年）22頁以下。

18　前田雅英『刑法総論講義』（6版、東京大学出版会、2015年）113頁以下。

19　木村亀二（阿部純二増補）『刑法総論』（有斐閣、1978年）354頁。

20　井田良『講義刑法学・総論』（2版、有斐閣、2018年）412頁、大塚仁『刑法概説総論』（4版、有斐閣、2008年）270頁以下、大谷・前掲注12）376頁以下、川端博『刑法総論講義』（3版、成文堂、2013年）511頁、葛原力三ほか『テキストブック刑法総論』（有斐閣、2009年）241頁［塩見淳］、團藤重光『刑法綱要総論』（3版、創文社、1990年）168頁、野村稔『刑法総論』（補訂版、成文堂、1998年）344頁、原口伸夫『未遂犯論の諸問題』（成文堂、2018年）361頁以下など。

成要件的結果の発生へと向けられた「危険性」の現実化に関して主観面を重
要視するのか、客観面を重要視するのかの使い分けの是非は置くとして、
「危険」という観念に含みを持たせることで柔軟に未遂犯・不能犯を構成で
きるので、一元的な法益侵害説とは異なり、未遂処罰の間隙を設定するため
フィクションを用い工夫する困難を免れるが、むしろ処罰範囲の拡散・拡張
へと向かう解釈論的トレンドをいかにセーブしブレーキを掛けうるのかが鍵
となろう。間主観的な処罰感情や印象を持ち込んでしまう（斉藤信治博士[21]）
と、公判廷での被告弁護人の自由な弁論（反証）の機会を封殺してしまうこ
とになりかねず、現行刑事裁判制度の下では「危険」如何とは専ら法解釈に
関わる議論なので職業裁判官のもつそれに一任とされてしまうことになりか
ねない[22]。ただし、実際に行われる結論付けとして見れば、迷信犯に該当す
べき場合を排除すれば基本的にわれわれの法感情が一般予防の視座から行為
者の行為を評価して処罰するべきだと感じるものについては学理上もれなく
処罰することを可能にするので、具体的危険説の立場は実務にとっては使い
勝手がよいのではないかと推察される[23]。

　ただし、実際にはこの 2 つの立場が独立して議論されているわけではな
く、それぞれが他方と組み合わされ、下される結論の妥当性をはかるため微
妙なバランスをはかりながら論じられていると言えよう。たとえば、法益侵
害説の立場から平野龍一博士が具体的危険説を主張されたり[24]、規範違反説
に立つ高橋則夫教授が修正客観的危険説を採ること[25]などに現れている[26]。

21　斉藤信治『刑法総論』（ 6 版、有斐閣、2008年）236頁。
22　中野・前掲注 4 ）論文34頁［本書12頁］。
23　例えば、石川弘ほか編『刑事裁判実務大系(9)』（青林書院、1992年）59頁以下［中山隆夫］、
　　池田修ほか編『新実例刑法総論』（青林書院、2014年）289頁［中川綾子］など参照。
24　平野龍一『刑法総論 II 』（有斐閣、1975年）322頁以下。ほかに、日高義博『刑法総論』（成文
　　堂、2015年）420頁、同『違法性の基礎理論』（イウス出版、2005年）174頁以下、森住信人『未
　　遂処罰の理論的基礎』（専修大学出版局、2007年）147頁など。
25　高橋則夫『刑法総論』（ 4 版、成文堂、2018年）411頁。佐藤・前掲注 3 ）83頁以下など。
26　こうした指摘を初めてしたのは、佐藤・前掲注 3 ）50頁。

2　法益侵害説と規範違反説とは万能か？

　わたくしは、こうした立場の持つ理論的かつ実践的な意義を決して等閑視するものではない。が、若干の違和感を持たざるを得ないのである。すなわち、誤解を恐れずに述べれば、法益侵害説も規範違反説もいずれも、そしてそれらを組み合わせた所説も、まずは、実際に行われた個別具体的な行為、個別具体的な結果を取り出して違法性評価の対象下に置いているのではないかと思われてならないからである。

　たとえば次の事例を考えてみよう。甲が乙を殺害しようとして、最近よく飛行機が墜落することからあわよくばと願い、乙に対して世界一周旅行を勧め、ついては飛行機のチケットを譲渡したとする。甲の予想通り、乙は飛行機に搭乗し、何らかの原因から飛行機は墜落し、乙は当初甲の期待したとおりの死に方をしたとしよう。乙は飛行機の墜落によって死亡したので、甲の行為と乙の死との間には因果関係（条件関係）があり、甲には殺人既遂罪が適用されそうである。だが、大方の見解に従うと、さらに相当性判断が加えられることで、甲の行為と乙の死との間でいったん認められた因果関係が否定され、結果として甲に殺人未遂罪が適用されることになるのであろうか。乙に対して世界一周旅行を勧めて、そのためのチケットを譲渡したに過ぎない甲の行為に殺人未遂罪を適用せよと考える論者は皆無ではなかろうか。それは、客観的に観察すれば、甲の一連の行為は殺人犯でなくても、孝行息子が老親やその家族に施している日常行為と同じともとれ、異なるのは、相手の幸せを願っていたか、死を願っていたかの違いに過ぎないということになる。かかる、行為者の心情そのものを取り出して殺人罪を適用せよ／適用するなと思考することは、刑法の禁じる思想処罰に他ならないであろう。

　趣を異にするものの、平野龍一博士はかつて空ベッドへの射殺未遂事例につき次のように述べられていたことも我々は思い起こさなくてはならない。

　「あとになってex post、ベッドがカラであったことがわかったときの『なーんだ』という安堵感が、犯罪の成否に全然影響がないとはいえないよ

うに思われる」[27]。

　こうしたいったんは違法と評価を下されたにもかかわらず——明文規定の置かれた違法性阻却事由に当たらないにも拘わらず——、あとからそれが打ち消されるといった違法性評価の手続きが生まれるということは、違法性評価の対象下に、実際におこなわれた「その行為」、そこから惹起された「その結果」とを置いた議論の仕方をしてくることに起因する違法性の評価のゆがみではなかろうかと思う。法益侵害説の根底には、個別の行為から現実に生じた法益侵害結果ないし危険と理解していることから生じるゆがみなのである。こうした論のゆがみを糺すにはどのような構えをとればよいであろうか。

3　私見の立場——社会秩序無価値説の構想

　わたくしの考えはこうである。

　ア　刑法規範による行為の違法性評価の手続とは、そのときその場所で、①その行為と同種の行為が適法とされるのであれば、その種の行為を放任することから当該構成要件毎に規定されている各法益が保全される社会秩序の実現にとり価値的にいかなる結果（効用：utilité）が生じるか、②逆に、その行為と同種の行為がなされることを禁止命令、すなわち違法としたのならば、その種の行為が禁止命令されることから当該構成要件によって規定される各法益が保全される社会秩序の実現にとり如何なる結果（効用：utilité）が生じるかを考察し、もし①の方が②よりプラス効果が大きいかまたはマイナス効果が低いと裁判所が評価するのであれば、その種の行為全般は一般に適法、それゆえに当該事案につき評価の対象下に置かれている個々の具体的な行為についても適法と評価を下し、他方、①と②のプラス効果とマイナス効果とが真逆、すなわち、②の方が①よりプラス効果が大きいかまたはマイナ

27　平野龍一「刑法の基礎⑳未遂犯」法学セミナー139号49頁。また、かつて佐伯千仭博士が、他人の窓ガラスを割るつもりで投石したところ、ガス漏れで中毒死寸前の幼児の命を救ったといった結果として善をなした事例について、「法規範によれば笑ってすませうるものは、すますべきであって、神経質にそれらのものにまで刑事制裁をもって臨む必要はない」と述べておられたことも想起される。佐伯千仭『四訂 刑法講義総論』（有斐閣、1981年）319頁。

ス効果が低いと裁判所が評価するのであれば、その種の行為全般は一般に違法、それゆえに当該事案につき評価の対象下に置かれている個々の具体的な行為についても違法と評価を下すべきである、との理論構成[28]を構想している[29]。

イ　違法評価において準拠すべき価値とは、実定法上、最高法規としての憲法規範に求められなければならない。すなわち、包括的基本権を定めた憲法13条と12条の法意である（最大判昭23・3・24裁時9号8頁）。刑法は法益の保護された状態を社会秩序と称すると考えるが、社会秩序の維持といっても「誰」にとってのそれかという課題から離れて論じることは許されない。時の政府の意向に左右されない、個人的法益がもっともよく保全されている状態を指すといわざるを得ないであろう。その詳細は、別稿に譲らざるを得ないが、社会的法益もとりわけ国家的法益もそれ自体が価値を持つのではなく、すべからく個人的法益に還元されて価値を持つのである[30]。具体的には各構成要件毎に行われている解釈論上の課題であって、刑法各論の任務である。総論的に一概に決められるものではない。

ウ　評価時点は、客観的事後予測。すなわち、裁判時までに解明された事実を元に、行為時に立って上記の違法性評価を行い、不能犯に該当するか否かを判断する。

エ　評価主体は当該犯罪における法益保護の性質によって決まる。原則として、科学的一般人であって、専門家による科学的鑑定結果を基本とする[31]。ただし、財産犯や公共危険犯など、占有侵害の危険を保護法益とした

28　立場は異なるが、井田良教授の比例原則からアイデアを得ている。井田・前掲注20）26頁以下。

29　私見は、一見するとかつて西山富夫博士の説かれた法秩序の危険説に接近するように見えるが異なる。博士のお考えは当該行為の持つ危険性に着眼する非常に秀逸なお考えであるが、私見は危険性をその種の行為を許容した場合と禁止命令した場合の社会秩序の有り様を比較衡量してみせることを通じて違法性評価の手続きを可視化しようと試みる点で異なるのであった。西山富夫「不能犯」藤木英雄編『刑法(1)総論』（日本評論社、1977年）268頁。

30　原田保『刑法における超個人的法益の保護』（成文堂、1991年）参照。

31　文脈は異なるが、山口教授による指摘は正鵠を得ている。ある化学物質が人の生命に危険をもたらすものかが問題となる場合、科学的知識をもたない一般人には危険と感じられなくても、結果が現実に発生すれば、結果へと現実化した危険がそこにあったことになり、これを否定することは出来ないという指摘である。山口・前掲注16）289頁。

り領得罪にみられる一般予防目的を重視した犯罪類型とか、一般人のもつ治安感情を保護する犯罪であれば、一般人の経験則や社会通念に準拠する（その根拠につき後述）。

　オ　評価対象は、不能犯の場合には構成要件的結果やその危険がゼロであるところ、行為者の行為であるものの、誰が、いつ認識した「行為」内容を違法評価の対象に置くかにより、不能犯に当たるか否かの評価の結果が左右される。私見によれば、違法評価の基礎は、裁判時までに解明された事実の枠の中で行われるが、さらに、行為者が行為時に認識予見していた事実のうち、その時・その場所で実在していない事実を排除した残りの、実際に存在した事実のすべてを評価対象に置く。つまり、行為者が行為時に正確に認識予見していたすべての客観的事実を評価対象に置く。なぜならば、人の行為を評価する場合にはまずその自由意志に根ざす行為のみが「行為」と規定されていなければなるまい。自由意志に根ざす行為のみが人の行為なのであり、またそうした行為のみが刑事責任評価の基礎にも置かれる。自由意志に根ざす行為（行為者の認識予見していた事実）の枠の中で、客観的に違法性評価も行われなければならないからである。また、実行に移されていない部分の所為計画を違法性評価にそのまま含ませることには慎重でなければならない。なぜならば、現実化していない事情を評価に含ませてしまうことは部分的に心情刑法の肯定につながるからでもある。また、誤って認識していた事情を違法性評価に含ませてしまうことにも慎重でなければならない。法の評価は客観的でなければならず、行為者が誤解していた事情までも評価対象に含ませることは結局行為者ごとに違法評価は異なってよいのだとする行為者刑法に陥らざるを得なくなってしまうからである。

　そもそも違法性に関わる評価とは、その行為を行った行為者自身にだけ下されるのではなく、すべての人々に平等に適用される、すぐれて一般化的規範的評価に他ならないのであって、行為者の実際にとったその行為を取り上げて違法と評価するのであれば、ほかの人々が同じことを行っても平等に違法と評価してやらなければならないであろう（法の下での**平等な法令適用**）。し

かし、その事件でとられた全く同じ行為、行為の状況下で、全く同じ結果（外界の物理的変動）が再び惹起されることは実際にはあり得ない。そこで、違法性評価が加えられる対象とは何かが明らかにされなくてはならない。客観主義刑法が尊重する行為主義の立場をとれば、行為者によって行われた行為とそこから惹起された結果とが違法性評価の対象とされなければならない。しかし、行われた行為と結果は再び全く同じ行為と結果としてこの世界に現れることはないので、一般化せざるを得ない。すなわち、その行為と同種の行為を禁止命令するものが違法評価にほかならない。

　その根拠はこうである。行為者のとった行為あるいはそこから惹起された結果の２つあるいは１つを違法評価の対象として取り出して、そこからダイレクトに違法性の実質を見いだそうと努めて、違法性を評価しようとしてもそこから獲得される成果は少ないのではあるまいかということがわたくしの問題意識なのである。本章の冒頭に紹介した高橋教授による不能犯論の位置づけに賛成であるのだが、それは不能犯とは未遂犯と異なって、行為から惹起された結果が、その危険も含めて事実上はゼロなのであることを出発点として認めておかなければならない。ゆえに、こと不能犯を論じるに当たっては、違法評価の対象とは行為者のとった行為を基点として、その種の行為一般が対象とされなければならないであろう。

4　不能犯の評価

　そこで、たとえば、迷信犯が私の考えによるとなぜ不能犯になるのかを例として取り上げて考えてみよう。

事例：迷信犯

　行為者が特定の人を殺害しようとして丑の刻参りを企てたとしよう。その結果、重篤な精神病の被害者がその事実に気がついて、不安になり自殺したとしよう。自殺と丑の刻参りとの間には条件関係があるとしても丑の刻参りを殺人の実行行為として評価することは妥当であろうか。誰もこの結果（殺人既遂罪）を妥当とは理解しまい。法益侵害説の立場をとれば、じっさいに

狙った被害者を殺害している以上、殺人既遂罪を認めざるを得ないのではあるまいか。だが、かりに、丑の刻参りを一般に現実社会で許容したとしてどれほど自殺するに至る被害者が生まれるであろうか。逆に丑の刻参りを禁止したとしてどれほどの効果が生まれるであろうか。呪術者たちを殺人未遂あるいは殺人既遂として処罰の対象に置くことは、いささかノイローゼじみているとはいえないであろうか。両者を比較衡量して丑の刻参りを禁圧することで得られる効果（効用：utilité）はほとんどないに等しいであろう。ゆえに、丑の刻参りに代表される迷信犯一般は不能犯として違法性がないのである。

　すなわち、違法性の評価の段階では、ある具体的な、特定の時間、場所において、各特別構成要件の想定する行為一般と行為者の実際に行った具体的な行為との矛盾対立を違法性の実質と理解する立場をとる（社会秩序無価値説と名づけておく）。すなわち、その行為を放任／禁止命令することが各構成要件の規定する法益を保全するためにもっともよく均衡のとれる社会秩序の維持安定上許容できるか否かを衡量して、可罰的未遂の範疇に入れるかどうかを最終的に決める。違法性評価の段階においては、実際になされた個別具体的な行為とそこから惹起される実際の結果（その危険）の両方あるいは片方だけを分析し、そこから違法性評価にとり何らかの意味のある価値あるいは無価値性を見いだすことに努力を払い、それに基づいてその行為あるいは結果を違法と評価する立場に立つのではない。違法性とは、行為が特定の構成要件に該当するとの評価を得た後、その時その場所で、その行為と同種の行為を一般に放任し、あるいは逆に禁圧した場合に生じるであろう社会秩序の比較衡量に基づいて下される評価なのであると考えている。

　なお、ここで「一般に」という語を使用したが、これは当該行為についての評価でなく、法の平等な適用の保障（憲法14条）の下にある全ての人々のとる行為について普遍的に同じ評価が下されることを意味する点に注意を要する。

事例：空拳銃

　たとえば、人を射殺しようとして、実弾が籠められていると錯覚して、実弾の装填されていない拳銃を使って人を射殺しようとして未遂に終わった事例を考えてみよう。もともと実弾が籠められていない以上、結果の発生は絶対に不能である。だからといって、同種の行為一般を許容することは合理的であろうか。勤務時間外に私服で町の居酒屋にいた警官が手にしていた拳銃を拝借した行為者が人を射殺するために利用した場合はどうであろうか。あるいはまた陸上勤務中の海上保安官が携帯している拳銃（通常空砲）を奪って射殺に使用した場合ではどうであろうか。園庭で園児たちが精巧に模造された拳銃とBB弾で撃ちあっている場面ではいかがであろうか。勤務時間中に制服を着用した警官の携帯していた拳銃というのが、不能犯ではなく未遂犯に当たるという評価に大きな影響を与えているとはいえないであろうか。拳銃を使用する射殺行為のほかに、それが使用された客観的状況により、不能犯に該当するかどうかの評価にぶれが生じるであろう。この銃が使用された際の客観的状況（勤務中の制服警官）こそは、かつて團藤博士が一貫して熱心に説かれた評価の資料にあたり、評価の対象ではないが、不能犯の評価を排斥して殺人未遂罪を認めるファクターの一つとなるだろう[32]。評価の対象は拳銃で撃つということであるが、その拳銃の使用された際の客観的な状況（時と場所）とあいまって、不能犯の抗弁を排除するのであると考えることも不合理とはいえまい。園庭で園児が使用した模造銃がいかに実弾入りに見えようとも、また海の警察官が陸上勤務中も拳銃に実弾を装填しているように見えようとも、居酒屋で同僚と酒を飲み交わしていた非番の警官の拳銃に実弾が籠められているように見えようとも、そうした際の拳銃を奪取して人を狙撃する行為を放任したとしても、園児の母親が、飲み仲間が、通行人が『危ない』と感じる間主観的な懸念を超えて、誰かが殺害されるということに向けられた客観的な法秩序は動揺しないのではあるまいか。逆に、法が、こうした殺意を持った園児などの行為を一律に（有責か否かは措くとして）違法であるとして禁圧したらどのようであろうか。

32　團藤重光『刑法綱要総論』（創文社、1957年）64頁以下。

　つぎに、ここでは紙幅の関係から、いくつかの具体的な事例をあげて、私見を当てはめた場合にどのような判断になるのか、みてみよう[33]。

　なお、すでに紙幅を超えており、以下では要点のみを示すにとどまる点に容赦願いたい。

五　具体的適用

　判例（たとえば、不能犯の意義について判示したとされる最判昭25・8・31刑集4巻9号1593頁）は、原則としては客観的危険説の立場に立つとされているが、事案により区々としたところが見受けられる。山口厚教授の言葉を借りれば、方法の不能の事案では結果発生の可能性が科学的な根拠を問題としてかなり客観的に判断されている場合が多いが、その一部の判決や客体の不能に関する判決では具体的危険説に近い基準で未遂犯が肯定されていると指摘されている通りである[34]。たとえば財産犯などでは行為の向けられた対象がその場に存在していなくても、不能犯ではなく未遂犯として処理されている。懐中無一物の通行人に対する窃取・騙取行為など、不能犯を認めたものは少なくとも、大審院、最高裁の判例にはない。こうした実情をいかに説明しう

33　なお、本章では判例分析は与えられた紙幅の関係から行われない。私は、浅田和茂教授の指摘（浅田和茂『刑法総論』〔2版、成文堂、2019年〕396頁）するように、まず判例はなにゆえに結果が発生しなかったのかを科学的に解明した上で判断しており客観的危険説を無視するものとはいえないとの評価に基本的に与するが、私は判断枠組みとして客観的危険説によるスキームを用いながら、事案に応じ実質的には具体的危険説によるとみられる判断を明示していると考えている。判例では、不能犯が認められた事例はきわめて少ないのは、内山良雄「判例に現れた不能犯肯定事例の検討」佐々木史朗喜寿『刑事法の理論と実践』（第一法規出版、2002年）207頁の指摘するとおりであるし、原口・前掲注20)410頁も指摘するように検察官の準司法官として下す不起訴裁量の及ぼす影響が少なくないであろう。ただ、かつて検察官の職歴もお持ちの青柳文雄博士によって指摘されていたことが注意を引くのである。いわく「論争が激しいのにもかかわらず僅少の判例しかないということは、私見によれば不能犯といわれるような種類の客観的行為では、犯意は勿論のことその行為そのものさえも証明ができないことが多いために起訴されないからであると考える」とされ、注記の中で、さらに大審院のイオウ殺人未遂事件を例に引いて絞殺がなければイオウ粉末を被害者に服用させた件での捜査の対象にはならなかったであろうし、仮に捜査対象になり自白が獲得されてもその裏付けとなる証拠も得られないし、公判でイオウ粉末服用の意図についての自白を翻されれば公判を維持できないと指摘されている（同『刑法通論I総論』〔泉文堂、1970年〕135頁、134頁注4）。

34　山口・前掲注16)288頁。

るか、学説に課せられた課題は重い。

　私見は、各特別構成要件が予定する法益の性質によって、学理上、不能犯の評価を異にすることを予定するアプローチである。つまり、各構成要件で規定された法益保護を中心に置いて、そのときその場所で、その種の行為を刑法で命令禁止することと放任することとを比較衡量して、どちらが当該構成要件の規定する法益の保護にとりメリットがあるか逆にデメリットかを考察して、不能犯か未遂犯かを決める手続きをとるものである。

　さて、生命身体犯、財産犯、公共危険犯などで保護法益の性質を異にする場合があり、それに応じて不能犯に当たるか未遂犯に当たるかの評価が異なる場合がある。①生命身体犯では一身専属的法益であるから法益の主体である「人」、すなわち被害者の実在（この世に存在すること）が重要となり、②財産犯では遺失物横領罪との関係から所有権・占有の主体としての人の存在が重要になり、さらに領得罪の場合には毀棄罪との法定刑の比較から現実の占有移転の危険結果よりも一般予防が尊重されるとすれば、行為の客体としての財物の実在が緩和される余地は生じるだろう。さいごに、③公共危険犯、放火罪では公共の危険が物理客観的見地から決まるのではなく社会心理的に一般人をして不安感を生じさせる程度で足りるという立場（通説・判例）をとれば一般人の抱く経験則や社会通念が重要となる。これら諸事情は、上掲四３「私見の立場―社会秩序無価値説の構想―」エの評価主体に関わる論点として反映される。

　そこで、上記の場合と異なって、保護法益がそのときその場所に存在していたとされるばあいには、社会秩序無価値による実質的違法評価に入ることで違法性阻却される不能犯か通常の未遂犯かが区別される。

1　①について——殺人罪
ア　方法の不能
【毒殺事例】当該行為の被害者に対する意味でも、平均人に対する意味でもなく、いかなる人に対しても「絶対」に結果発生の不能のばあいが不能犯

に位置づけられる。その場合、用いられた毒物の量を問わず、およそ人の死をもたらす質をもっているかによって決まる。毒殺に施用された物質が致死の結果をもたらすとは科学法則上思考できない「イオウ」などに限り不能犯に位置づけられる（大判大6・9・10刑録23巻999頁）。

【それ以外の殺人事例】人工皮革を材料にしたバンドを利用した扼殺事例であれば、その利用の仕方如何で扼殺の効果が上がるものであれば、実際にはそのバンドで被害者の首を締め付けている最中に切れたとしても不能犯に当たらない（最判昭23・9・18裁判集［刑事］4巻111頁）。

【被害者がすでに行為者の殺害計画を知っていた場合】殺害に使用される方法に一般に殺人効果があるということが重要なのであり、事前に被害者が計画を知り難を逃れたとしても殺人未遂であるとの評価に影響を与えない（最判昭25・8・31刑集4巻9号1593頁）。

イ　客体の不能

【刺殺事例】医科学上明らかに死亡していると評価される場合にはその客体がいかにも生存しているように観察できたとしても殺人罪の不能犯。ただ、全脳死を待って人の死とする定義をとるのであれば、それに至る直前までは生きている人として扱わなければならず、伝統的な三兆候説に立つのであれば、3点の兆候が客体に現れるまで生きている人として扱わなければならない。ゆえに、判例に現れた、すでに銃撃を受け、直後に日本刀で刺殺された事件では不能犯ではなく、殺人未遂罪が適用される場合も原審認定の通りとすれば認められる（広島高判昭36・7・10高刑集14巻5号310頁）。

2　②について——強窃盗罪、詐欺罪
ア　方法の不能

【詐欺事例】人を錯誤に陥らせる行為を終了したが、その行為の性質上およそ人を欺罔させるにたらない稚拙な内容であったばあい、不能犯である。たとえば、取引慣行・法律制度上の理由から被害者が欺罔される可能性のない場合をいう（制度上、裁判所が欺罔される可能性を否定した、大判昭2・6・20刑集6巻216頁もこの中に入れることができる）。このばあい、被害者が行為者の欺罔

行為に気がついていたか否かは問われない（大判昭3・9・17刑集7巻578頁）。

イ　客体の不能

【強窃盗罪】領得罪では、財物を不法に領得する意思を持ち自分の物として支配利用することが、財産犯としての毀棄隠匿罪と異なるとする一般予防優位型の犯罪類型であると位置づけられるのであれば、その被害者が懐中無一物であったとしても、周辺に通行人等が所在し得る場所での犯行であれば他人の懐中から財物を窃取する行為一般を禁止しなければならず、不能犯は認められない。領得の意思を不要あるいは緩和し一般予防優位型の犯罪類型に当たらないと位置づけるのであれば、全くの懐中無一物の被害者であれば保全される法益が存在しないことになり不能犯となるが、たとえ空の給料袋であったとしても財産的価値のある物を帯同していたとすれば、金銭を目的とした窃盗行為であっても、窃盗未遂罪が成立しうる。いずれの解釈が妥当かはもっぱら領得罪の本質理解に関わる。塩見淳教授が提起した侵入強盗の意図で住居内に立ち入ったところ異変を察知した家人が全員逃げ出した後であったというケース[35]であっても強盗未遂罪を是認するにやぶさかでないことになる。

ウ　オレオレ詐欺における騙されたふり作戦

なお、オレオレ詐欺に伴うだまされた振り作戦の事例[36]について最近判例（最決平29・12・11刑集71巻10号535頁：現金送付型）が出されたことにより議論にいとまがない[37]。本判例は現金送付型に関する事例判決であるとみられる。私は、承継的共犯論について一定の結論を固めているものではない。もし、本事案につき、承継的共犯を否定するのであれば、騙されたふり作戦開始後にはじめて犯行に加担した受け子について、現金の取得がはじめから見込め

35　塩見淳「時の問題　特殊詐欺事案で見えてきた解釈問題──2つの最高裁判例を手がかりに」法学教室461号54頁。

36　その発祥とその犯罪捜査における実践的意義については、中川正浩「特殊詐欺対策としてのいわゆる『だまされた振り作戦』に関する法的問題と捜査手法の正当性について──受け子の犯罪を素材に」警察学論集71巻12号63頁以下が貴重な指摘を含んでいる。

37　川田宏一「判批」最高裁時の判例IX（有斐閣、2019年）359頁、小林・前掲注16）482頁、佐藤拓磨「判批」刑事法ジャーナル55号99頁、濱克彦「判批」研修836号21頁、原口・前掲注20）387頁注155、松宮孝明「判批」法セミ759号123頁、安田拓人「判批」法学教室451号143頁ほか。

ない以上、掛け子の詐欺未遂罪の罪責の継承を肯定することはできないので、受け子につき詐欺未遂罪を認めることはできないのは、学理を異にするものの、二本柳誠教授と帰結を同じくする[38]。もっとも、本判例は、詐欺罪を遂行する上で受け子の受領行為と掛け子の欺罔行為とは不可分一体として観念するものとすれば受け子の罪責（現金送付型）を論じる際に不能犯論を持ち込む余地はなくなったといえよう。

3　③について――建造物放火罪
ア・イ　方法の不能・客体の不能

和田俊憲教授が説くように「抽象的危険説について、万が一結果が発生した場合のその重大性に鑑みて、一般予防の必要性によりその処罰を説明する見解に依拠したとすると、上の領得罪と同様の説明となりうる[39]」として、当該事件における危険ではなく、同様の行為が、その現場で繰り返されることに基づく将来に向けた危険であるとみることができる。もっとも、和田教授は、不燃性建造物に対しても放火未遂罪を是認されるが、そもそも独立燃焼しない建造物に対する放火は建造物放火罪としてみた場合には不能犯とするべきであろう。私見によれば、その時その場所でその行為が繰り返された場合に結果が発生する可能性の有無を問うのだから、その時その場所に設置されていた建造物が不燃物であれば、燃焼結果が発生する可能性はないことを理由にする。なお、公共の危険の判断を通説判例に従い一般人の危険感に置くのが放火罪の解釈として妥当であるとするのであれば、不燃性建造物に対する放火であるとしても放火未遂罪が成立しうることになろう。

六　まとめにかえて

私見は、各構成要件ごとにそれぞれ保護されている法益を中核にして各論

38　二本柳誠「騙されたふり作戦と受け子の罪責」名城法学67巻1号236頁。
39　和田俊憲「不能犯の各論的分析・試論の覚書」町野朔先生古稀記念『刑事法・医事法の新たな展開』（上巻、信山社、2014年）239頁。

的アプローチに立脚しながら不能犯論を構成する。構成要件該当性の段階と
実質的違法性の段階とでおのおの不能犯を論じるので多元的不能犯論であ
る。基本的に、佐藤拓磨教授が指摘してくださった通り、私見は客観的危険
説（絶対的相対的不能説）の立場に立つ。構成要件ごとに保護される法益は異
なるし、保護法益の性格によって、不能犯の評価主体や方法を可変的に構成
するので、結局は、不能犯の判断は統一的になされるべきではなく、各論の
解釈課題であるという帰結に結びつくのである。構成要件該当性の段階で
は、オルトランそして和田俊憲教授の見解からアイデアを拝借し、当該構成
要件の保護する法益が欠如している場合（和田教授の表現を借り受ければ「この
世に存在しない場合」）を不能犯（絶対的不能）に位置づけ[40]、その余の相対的不能
に位置づけられる場合につき、さらに実質的違法性の段階で真に処罰すべき
未遂犯（相対的不能）に該当するのか否か検証を加える意味で、社会秩序無価
値説の立場から2段目の評価を加えるという構図を描かせていただいた（本
章では「迷信犯」に当たる場合と「空拳銃」を例に説明した）。ごらんの通り、導か
れる帰結について、その詳細は別稿に譲らざるをえないが従来の判例の動向
にほとんどインパクトを与えるものとはなっていないかと思われる。ところ
で、社会秩序無価値説とは、沢登佳人教授とその影響を受けた澤登俊雄教授
とが提唱されている社会状態無価値説、および井田良教授の比例原則という
お考え[41]からヒントのみを受けたものにすぎない。問題となる事案ごとに適
用される各構成要件の規定する諸法益を適正に保護するために、その行為
（厳密にはその種の行為）を禁圧することによって獲得されるメリット・デメ
リットと放任することによって獲得されるメリット・デメリットとを比較衡
量する。が、構成要件毎に評価主体を科学的一般人に置くのか、通常の一般
人に置くのかいずれか1つに統一させるのではなく、殺人罪であれば専門家
による鑑定結果を尊重しそこから裁判所が規範を導いたり、領得罪や放火罪

40　中野・前掲注10)233頁以下［本書46頁］も参照。
41　沢登佳人「違法性は行為無価値でも結果無価値でもなく体制関係的無価値である」平場安治
　　還暦『現代の刑事法学』（上巻、有斐閣、1977年）182頁以下、澤登俊雄『刑法概論』（法律文化
　　社、1976年）121頁以下、井田・前掲注20)26頁、同『刑法総論の理論構造』（成文堂、2005年）
　　8頁以下。

などであれば一般人の視点から裁判所が規範を導くことを通じて、各構成要件毎に妥当な帰結を導くという考えで、さらなる検討を要するアプローチの一つに過ぎない。このアプローチのヒントは和田俊憲教授からいただいたものに過ぎないが[42]、もともとは新倉修教授から筆者が院生時代、フランス刑法書を講読していたときに教示をえた。現行刑法典に至る基となったフランス刑法典（1810年）では総則に違法性論に関わる一般規定が置かれておらず、あげて各犯罪類型を定めた各本条に規定が配置されている（現行法では、総則規定が整備され122-5条や122-7条などがある）。これは違法性の本質は各犯罪類型ごとに異なってよいのだということを我らに示してくれていることに他ならない。また、本章は社会秩序無価値という上位観念をたてることで、行為無価値、結果無価値とはやや異質な着眼点の提案を綱領として提示したにすぎない。他方で新たな課題も承知している。刑法において保護されている社会秩序とは何かということである。社会秩序の定立をいかに行うかにある。これについては、現在、我が憲法の規定する個人主義、個々人の享有する諸利益がもっともよく保障されている状態、すなわち、「社会秩序は社会生活における個人的利益の安全が確保されている状態」をいうと述べるにとどまる。

42　和田・前掲注39）238頁以下。

第4章

期待可能性についての覚書
──「法は不能を強いない」垂水補足意見を契機として[1]──

一 はじめに

1 著者の問題関心

わたくしは、学部で刑法総論を学び始めたときから、我が国の犯罪論に違和感を持ちつづけている。

まず犯罪の成否を決める手順である。「犯罪とは、構成要件に該当し、違法で、かつ有責な行為である」という説明がなされる。裁判官の思考を整序するには極めて合理的である。犯罪とは構成要件に該当する行為であるという説明は理解できた。犯罪とは違法な行為であるという説明も理解できた。だがしかし、犯罪とは有責な行為であるとはなにを意味するのであろう。責任能力は少なくとも行為の要素には包摂されないのではあるまいか。有責とは行為の主体（Person）に結びつくはずで、行為そのものはこれに当たらないと解するのが道理ではないか。その点、リスト・ベーリング以前の体系であるもののLuden, H.などや、とりわけフランスの犯罪論、就中Ortolan, J. L. E.の流れをくむ新古典学派の影響を受けたデカルト的な発想を汲む犯罪論には魅力を禁じ得ない。というのも、行為の領域（罪体）と行為者の領域（帰責）とを明晰に峻別して犯罪論を組み立てるからである[2]。

つぎに疑問を抱いたことは、未遂犯における結果の概念である。遠方で鳴

---

1 最高裁昭和33年11月4日判決、刑集12巻15号3449頁。
2 前者について例えばLuden, H., Abhandlungen aus dem gemeinen teutschen Strafrechte, Bd.2, 1840., 後者については拙著『未遂犯論の基礎』（成文堂、2014年）17頁以下など参照。

り響く発砲音を聞いた被害者が、フッと気づいて振り返ったときに、反対側に銃口を向けた狙撃者がライフル銃を抱えて卒倒していたのを遠くの木陰を通して垣間見たとしよう。狙撃者が警察に現行犯で逮捕され、連行されていく途中で、警官から、実はあなたを狙撃しようとライフル銃を構え、照準を定め、弾丸を現実に発射させていたが、この者は、腕が未熟で発砲の瞬間自ら体勢を崩してあなたのいた方向とは逆方向に銃口を向け転倒したのですと説明を受けたとしよう。被害者の身のうえにどんな実害（結果）が発生したというのか。銃弾が被害者のすぐ脇を通過して危険を感じた、あるいは若干のかすり傷を負わせたというのが「結果」であるというのであればなんとかじっさいに理解できる。だが、被害者が自分の身に何が起こったのか全くあずかり知り得もしなかったのであれば何が結果であるというのか。それは事件の現場が被害者と狙撃者を除いては全く人気の無い沖縄の無人島であればなおさらである。その課題の一部に回答を与えたのが前稿『不能犯論－客観的危険説を基点とした多元的不能犯論』（酒井安行ほか『国境を越える市民社会と刑事法』現代人文社2019年124頁以下）［本書第3章］であった。そこでは従来の危険という観念を中心においた議論とはやや異なる視点から結果の概念を示した。社会倫理規範でもなく、法益侵害ないしはその危険でもない。評価の対象には犯行時、なおかつ、行為者が現実に行動した範囲内に実在していた客観的な事実を置き、評価の手法はその種の行為を許容した場合に生じる社会秩序と禁圧した場合に生じる社会秩序、そのどちらに価値があるかという功利的視点である。さらに、團藤重光博士がかつて説かれていた評価の資料というアイデア[3]を大胆に盛り込んだ社会秩序無価値説であった。この評価の資料という概念を違法論にも組入れることで違法性評価に柔軟性をもたらす。

　さらに、期待可能性という観念の位置づけについてである。期待可能性

3　團藤重光『刑法綱要総論』（3版、創文社、1990年）101頁以下。團藤博士は鋭くも違法性や責任の評価の問題につき、規範的な評価の問題のみに着眼して「事実」の面を不当に度外視するものであってはならないと主張されている。存在論的な基礎と規範的な基礎を分けながら分析的に考察することを怠ってはならない。事実的・存在論的基礎付けの面を忘れるならば誤った規範主義に陥ると主張なさっていた。

は、責任論（就中、規範的責任論の支柱）に置かれるというその体系的位置づけをはじめとし、その評価の基準をどこに置くのか。国家に置くのか、平均人か、それとも行為者自身に置くのか、論争にいとまがない。さらにはヒューマニズムの視点まで、解釈論に介在してくるので理解を難しくしている。ドイツでは、免責的緊急避難の明文規定（35条1項本文、但し人的範囲などに制限がある）をもち、フランスでは強制による免責を認める明文規定（122-2条）による手当がなされているが、我が国ではこうした立法的手当がなされてこなかった点に課題が残され続けている[4]。

　本稿では、この最後の疑問について最高裁の下した判例を中心に考察を加え、あわせて、社会秩序無価値説の立場からはいかなる解決がなされるか触れてみたい。

2　期待可能性と「法は不能を強いない」

　さて、最高裁は期待可能性という観念を現実に使い事件を無罪にしたことはない。なぜであろうか。それを考える際の手がかりとして、本章の副題とした三菱炭鉱新入砿業所事件上告審判決（最判昭和33年11月4日）に現れた垂水克己裁判官の補足意見中の『法は不能を強いない。』という法格言が重要であると、わたくしは考えている。

　これは、もと、Lex neminem cogit ad impossibilia（法は誰にも不可能なことを強いない）というイギリス法の格言や、期待可能性の概念の生まれる遙か以前から存在するローマ法大全の核をなすUltra posse nemo obligatur（何人も不可能を義務付けられない）という学説彙纂Digesta50, 17, 185に由来する格言である。刑法では古くから過失における注意義務や不作為犯における作為義務の履行可能性について論じる際の準則の一つに用いられてきた[5]。

　不可能なことを、およそ法は人に義務づけることは禁止されるという趣旨であって、民事法をも含む実定法一般を支える基礎となるものである。期待

　4　なお、松宮孝明『刑事立法と犯罪体系』（成文堂、2003年）135頁以下。
　5　たとえば、R.v. Hippel; Vorsatz, Fahrlassigkeit, Irrtum, in Vergl. Darstellung des deutschen u. ausland. Strafrechts, Allg Teil, Bd., 1908, S.568.

可能性を法の適用を受ける行為者側から見た問題領域（責任主義）と位置づけるのであれば、こちらは法を適用する側から見たアプローチであり、構成要件該当論、違法性論にわたる広範な問題領域に裾野を広げるので、期待可能性論とは別の観念である。

二　期待可能性とは

1　定　義

　山口厚教授によれば、期待可能性とは「構成要件該当・違法行為を行った行為者に違法性の意識の可能性が認められないなど責任阻却事由が存在しないときでも、現に存在する限界状況が行為者の心理を通じて作用し、その行為にでないことを行為者に期待できない場合には、超法規的に責任が阻却される」[6]とされており、今日の一般的な見解である。

　期待可能性の有無程度を決めるうえで重要であるのはその行為の性質や故意、責任能力如何ではなく適法行為をその自由意思に基づいて選択可能か否かという付随事情の正常性・異常性であるとされるべきだと一般に説かれている。

2　期待可能性の体系的位置づけ

　期待可能性の体系的位置づけについては内藤謙教授によれば、つぎの3つの説が代表的である[7]。

(1)　故意過失の構成要素説

　期待可能性を故意過失の成立要件と解する説である[8]。期待可能性を欠くときは故意または過失がないことになる。期待可能性に刑法38条という実定法上の根拠を与えようとした点に意義がある。これについては、故意に連関し

6　山口厚『刑法総論』（3版、有斐閣、2016年）269頁。
7　内藤謙『刑法講義総論』（下I、有斐閣、1991年）1202頁。
8　瀧川幸辰『犯罪論序説』（改訂版、有斐閣、1955年）108、134、141頁、小野清一郎『新訂刑法講義総論』（増補版、有斐閣、1950年）156、176頁、團藤・前掲注3）323〜324、347頁など。

て、違法性の意識の可能性を欠くといえる事案に期待可能性にかかわる無罪事例が集中しているとの前田雅英教授による指摘が注目されるが[9]、内藤教授によれば故意を否定した判例は３件にとどまるとされる[10]。これに対して、中森喜彦博士の批判にあるように、故意や過失は構成要件該当事実の認識ないしその可能性という心理的事実をさし、他方、期待可能性とは規範的な責任要素であるから、自ずとその存在基盤を異にする異質なものであるから両者を合一するのは無理が伴うし、そもそも期待可能性を故意や過失の要素に数えるとその不存在の主張を訴訟で被告人が行うことは単に故意や過失の否認に過ぎないとされて刑訴法335条２項に該当せず裁判所は期待可能性に関わる判断を示すことがないことにもつながり、期待可能性を論点に据える被告人に不利益との批判もあり、次に述べる期待可能性の不存在を独立した責任阻却事由とみる見地に道を譲らざるを得ないだろう[11]。

(2)　故意過失と並列する責任要素説

　期待可能性を故意過失と並ぶ第３の積極的責任要素と解する説である。これは、期待可能性が故意過失とならんで、責任の存否だけでなく、責任の軽重の程度まで決める上で重要な役割を持つ以上、単純な消極的責任要素とみることは適切ではないとするものである。所説は、第１説がつまずいた故意過失から規範的な期待可能性を救い出す事に成功したといいうる[12]。だが、現実の訴訟という場で検察官がいちいち期待可能性の存在、すなわち付随事情の正常性如何とその程度を立証することに努めなければならないということは訴訟経済という点から見て再考の余地はあるのではなかろうか。同時に、被告人側からなされる期待可能性不在の主張を刑事訴訟法335条２項の主張として裁判所に取り上げさせることに成功するとは考えづらく、結果と

9　前田雅英『刑法総論講義』（７版、東京大学出版会、2019年）299頁。

10　内藤・前掲注７）1203頁。

11　中森喜彦「期待可能性」阿部純二ほか『刑法基本講座』（３巻、法学書院、1994年）280頁。また、佐伯千仭・米田泰邦「期待可能性」総合判例研究叢書刑法（22）（有斐閣、1964年）274頁、内藤・前掲注７）1203頁など。

12　大塚仁『刑法概説（総論）』（４版、有斐閣、2008年）477頁。

して被告人側に不利益に作用してしまうのではなかろうか[13]。

(3)　独立の責任阻却事由説

　今日の通説であるが、期待可能性の不在を責任の消極的要素である責任阻却事由と位置づける説である。本説は、故意・過失、責任能力、違法性の意識乃至可能性があっても、適法行為の期待可能性がなければ、責任が阻却されるとするもので、責任を阻却する実定法上の根拠がないので、超法規的責任阻却事由とされる[14]。なお、中森博士が指摘されている通り、消極的に、期待可能性が害されている度合いを検討することによっても責任の軽重を判断することはできるであろう[15]。これまでの所説と違い、内藤教授の指摘なさる通り、訴訟法的には期待可能性の不在を超法規的であれ、責任阻却事由と位置づけるので刑事訴訟法335条 2 項に当たると位置づけることに成功しているし、なにより期待可能性不存在の例外的性格を明確化したものとして高く評価されている[16]。

　ゆえに、先に記した山口厚教授が明示なされ、かつまた今日一般的である期待可能性の定義は、私見によれば正鵠を得ているとここまでの検討によれば、いわざるを得ない。ただ、超法規的処理を認めるだけに成文法主義の下での実定法の解釈としては新たな問題に直面せざるを得ないのではあるまいか。少なくとも刑法35条に解釈の足がかりの存在する超法規的違法性阻却事由とは異なる点に注意を忘れてはなるまい。

3　期待可能性と刑事立法

　なお、この理論は、刑事立法の背景にもあるとされ、親族間での犯人蔵匿・証拠隠滅（刑105条）、親族相盗例（刑244条）、盗品等に関する罪（刑257条）、盗犯等防止法 1 条 2 項などがあるとされてきた。さらに、過剰防衛（刑36条 2 項）、過剰避難（刑37条 1 項但書）、違法性の錯誤（刑38条 3 項）といった規

　13　内藤・前掲注 7 ）1204頁、佐伯・米田・前掲注11）274頁。

　14　内藤・前掲注 7 ）1204頁、佐伯・米田・前掲注11）273〜274頁、平野龍一『刑法総論Ⅱ』（有斐閣、1975年）258頁、川端博『刑法総論講義』（ 3 版、成文堂、2013年）463頁など。

　15　中森・前掲注11）280頁。

　16　内藤・前掲注 7 ）1204頁。

定における刑の任意的減軽（・免除）が認められる理由付けの一部にも期待
可能性の考え方が受け入れられているとするのが一般の理解である。

　これは私見によれば、一般構成要件としてあるいは特別構成要件として、
どこまで構成要件化して期待可能性を論じうるかという立法政策の問題であ
ることが大きく、一概に期待可能性の欠如として論じられるものではなかろ
う[17]。もっとも、旧刑法75条１項では強制による行為の不処罰が明文を持っ
て定められていた[18]。

　期待可能性をこうした実定法に手がかりを求めるだけにとどまらず、通説
はつとに超法規的責任阻却事由として認めようとする。それが山口教授の定
義にも現れているわけであろう。

　ただし、ここで掲げた実定法に足がかりのある場合を除き、こうした実定
法上の根拠をまったく欠いている場合にも責任阻却を是認するのが期待可能
性論であるとすれば、これを受け入れることには戸惑いを覚えざるを得な
い。なお、超法規的違法性阻却事由には刑法35条に根拠を求めうる一般的正
当化規定が置かれているのに対し、超法規的責任阻却事由としての期待可能
性論にはそうした一般的免責規定がない。刑法36条２項、37条１項但書があ
るのではないかという批判がありうるが、これらの規定は刑の減軽・免除に
とどまる。期待可能性は『程度』を含む概念であるから、量刑事情として作
用するという点は十分納得しうる[19]。

4　法は不能を強いない

　かつて垂水克己判事が、三菱炭鉱事件で明示された最高裁判決昭和33年11
月４日（刑集12巻15号3439頁）における補足意見が注目される。いわく、「『法

17　山口・前掲注６）270頁註33では犯人による死体遺棄は証拠隠滅罪との関係では期待可能性の
　　考慮から不処罰とされるが、死体遺棄罪との関係では処罰対象として残されているとされる。
　　鋭い指摘である。

18　これについては、当時の通説的見解であった宮城浩蔵の所説の紹介として、川端博『宮城浩
　　蔵の人と刑法思想』（成文堂、2018年）187頁以下。また、松宮・前掲注４）135頁以下、井上宜
　　裕『緊急行為論』（成文堂、2007年）75頁以下など参照。

19　八木國之『増補新派刑法学の現代的展開』（酒井書店、1991年）25頁以下、52頁以下。

は不能を強いない』（中略）ということは普遍的妥当性ある法理であり、（中略）期待可能性論そのものではない」とされ、つづけて「期待可能性論の内容は学者によってまちまちのようであり、（中略）期待可能性論が最高裁判所の心（リーガル・マインド）を捉えるならこれは受け入れられるであろう」「それまでは『法は不能を強いない』の立場以上には踏み出さない」と述べられた。

　これを受けて、平野龍一博士は、「垂水裁判官のいわれるリーガル・マインドとは、このような心（筆者注記　国民感情との調和を図ること）をいうのであって、基準の明確さだけというものであってはならない」とされる。つづけて、平野博士はこう説かれる。「期待可能性は、多分に、可罰的違法性の問題と共通性をもっている。ともに多かれ少なかれ超法規的性格をもたざるをえないし、ともに標準が必ずしも明確ではない。しかし、どちらかといえば、実質的違法性の方が法益考量というまだいくらか測定可能なものであるために、いくらか確実であるといえる。したがって、最高裁判所が（中略）必ずしも期待可能性を否定せず、しかもできるだけ違法性あるいは構成要件の問題として解決しようとしているのは、妥当な方向だといえよう」と結ばれておられる[20]。わたくしも、この平野博士の考える方向性に同調するものである。

　本章では、この平野龍一博士の問題提起と垂水克己裁判官の示された法格言（『法は不能を強いない』）に示唆を受け、期待可能性に、いかに向き合うかを論じるものである。

5　期待可能性の理論を立てることへの疑問の提示

　佐伯千仞博士は、フランクのあげた例として次のように述べた。ある商館の会計係と郵便配達夫とが各自別個に横領罪を犯した。会計係は恵まれた境遇にあるが金のかかる道楽を持っている。郵便配達夫はわずかの賃金をうるばかりで病気の妻と多数の幼い子らを抱える身。この場合、世間の人は誰で

20　平野・前掲注14）276〜279頁。

も、責任の量は、前者は重く、後者は軽減される方向で評価されると述べる。犯した罪の重さではなく、行為者の行為の際の付随事情によって刑に差が生じるかまえである[21]。重要であるのは、行為そのものだけでなく、それに付随する付随事情の異常性もしくは正常性が責任評価に影響を与えるということであった。

　ただ、こうした期待可能性論の機能を普遍化して是認することは、「個別」にその行為者を法の過酷な適用から解放していく反面で、その遠因となっている貧困や労務管理、社会保障制度などといった社会政策や社会諸制度の不具合「一般」から我々の目を背けさせるという事にもつながらないだろうか。

三　最高裁（大審院）判例の立場

　一般に、判例は量刑の判断において期待可能性の理論を用いたと思われる戦前の大審院判例（第五柏島丸事件、大審院昭和8年11月21日判決、刑集12巻2072頁）を嚆矢とし、その後、戦後下級審の判例のなかには期待可能性を欠くとして無罪判決を引き出したものに、経済統制法規違反事件（東京地裁昭和23年10月16日判決、高刑集1追録18頁ほか）や労働争議事件（三友炭鉱ピケ事件控訴審判決、福岡高裁昭和24年3月17日判決、刑集10巻12号1626頁ほか）などがみられる[22]。もっとも、最高裁は、期待可能性の理論を刑法上の明文に基づくものではないことを認め、超法規的責任阻却事由と位置付ける。三友炭鉱ピケ事件では最高裁は、期待可能性によらずに原審無罪判決を維持したがその過程において原審無罪判決がよりどころにした期待可能性の理論を傍論で訴訟法上理由不備に当たらないと述べた[23]。刑法上、期待可能性の理論を最高裁判所が肯定したと見るには実際の適用事案がない以上、なお慎重であるべきであると思わ

21　佐伯千仞『責任の理論』佐伯千仞著作選集（3巻、信山社、2015年）16頁以下。

22　佐伯・米田・前掲注11)15頁以下、前田雅英「期待可能性」判例刑法研究（3）(有斐閣、1980年）264頁以下、内藤・前掲注7）1191頁以下など。

23　最高裁昭和31年12月11日判決、刑集10巻12号1607頁。

れる。

　最高裁（含、大審院）はいまだ期待可能性の不存在による無罪を認めていない。しかし、期待可能性の不存在と思われる事例につき最高裁はおおよそ次のような対応をしている。①構成要件該当性なし、②違法性阻却、③情状における考慮の三類型である。

　①　については、有名な失業保険法違反事件（最高裁昭和33年7月10日判決、刑集12巻11号2471頁）をあげることができよう。

　［事実の概要］被告人会社は川崎市に本店を置き、電気機械の製造事業を行い、被告人は長野県所在の同社川岸工場の工場長として、その管理に当たっていた。被告人会社は失業保険法（当時）所定の保険料の納付義務者であるが、被告人は同法にいう法人代理人として同会社の業務に関し、川岸工場における失業被保険者の賃金から同法33条の規定により控除された保険料を、所定の納付期日までに県労働部失業保険徴収課長宛てに納付しなかった。

　［第一審、長野地裁諏訪支部昭和25年5月30日判決］問題の失業保険料の原資となる納付資金が事実上本店から河岸工場に送金されていないことを認め、代理人の責任としてこれを完納する義務は被告人にないとして、被告人及び被告人会社は無罪とした。

　［第二審、東京高裁昭和25年12月19日判決］被告人に右納付義務ありとして、破棄差戻しの判決をした。

　［差し戻し後の第一審、長野地裁昭和27年12月27日判決］被告弁護人からなされた期待可能性がないとの主張に対して、経理担当者が経理上全力を尽くして有効適切な手段をとっても、保険料納付が不可能であったことを示さなければならないが、被告人は会社の可能な不要不急資材の処分を進言して収入の道を開くことに努めたと認められない以上、経理の改善に努力すべき点に欠けるところがあり、本件違反を阻止するにつき十全の行為をしたとは認めがたいとして有罪判決を下した。

　［第二審、東京高裁昭和28年10月29日判決］再び弁護人から期待不可能性の主張が出されたことを受け、前記第一審の認定した事情は被告人に本件保険料納

付義務の履行を期待できないとみるのが相当であるとして無罪判決を下している。判決によれば「義務の履行は、その履行が可能な限りにおいて期待さるべきであるから、もし義務者のおかれた諸般の状況が、義務者をしてその義務の履行を不可能ならしめるような場合には、たとえ義務の不履行があつたからといつて、その不履行につき義務者の責任を問うわけにはいかない」のであって、第一審は「事を単に理屈の上だけで観念的に論じただけであつて、可能不可能の問題が実際的、現実的なものであることを忘れたという非難を免れない」とした。

　これに対して、検察官は上告して判例違反を主張した。

　上告趣意は被告人の刑事責任を否定するためには刑罰法令上明確な根拠を要し、その根拠なく、漫然と期待可能性を欠くとしてその法的存在を否定するのは、判例の容認しないところであると主張した。

　〔最高裁昭和33年7月10日判決、刑集12巻11号2471頁〕最高裁は「引用の諸判例は（中略）判文中期待可能性の文字を使用したとしても、いまだ期待可能性の理論を肯定又は否定する判断を示したものとは認められない。されば、所論判例違反の主張はその前提を欠く」として検察官の上告を棄却した。続けて、最高裁は失業保険法の適用に関する意見を付加するとして、失業保険法32条で事業主はその雇用する被保険者の負担する保険料を納付しなければならないとし、これに違反した者に対する罰則として同法53条が規定されており、「同法55条は、法人の代表者又は（中略）代理人（中略）が、その法人（中略）の代理人、使用人その他の従業者が、その法人又は人の事業に関し、前記の違反行為をしたときは、行為者を罰するの外、その法人又は人に対し、前記本条の罰金刑を科する旨を定めている。そして、右53条が、右55条により本件のごとき法人又は人の代理人、使用人その他の従業者に適用せられる場合の法意を考えてみるに、53条2号に『被保険者の賃金から控除した保険料をその納付期日に納付しなかった場合』というのは、法人又は人の代理人、使用人その他の従業員が、事業主から保険料の納付期日までに被保険者に支払うべき賃金を受けとり、その中から保険料を控除したか、又はすくなくとも事業主が保険料の納付期日までに、右代理人等に、納付すべき保険料を交付

する等、事業主において、右代理人等が納付期日に保険料を現実に納付しうる状態に置いたに拘らず、これをその納付期日に納付しなかった場合をいうものと解するを相当とし、そのような事実の認められない以上は、（中略）その代理人、使用人その他の従業員については、前記53条に規定する犯罪の構成要件を欠くものというべきである」と判示した。

すなわち、はじめから保険料を納付するという作為可能性を欠くために失業保険料の不納付罪の構成要件該当性がないと理由づけたものである。下級審レベルでは期待可能性の理論の適用を認めたものの最高裁ではこれを期待可能性ではなく構成要件該当性がないとして無罪判決を下した。

②　については、三友炭鉱事件（最高裁昭和31年12月11日判決、刑集10巻12号1605頁）をあげることができよう。

［事実の概要］三友炭鉱の労働組合は、飢餓突破資金等の要求を拒まれストライキに入ったところ、組合員の一部が、ストライキから生産同志会と称して脱退し生産業務に従事したので、ほかの組合員は極度に憤慨していたところ、同炭鉱貯炭場から生産同志会組合員が炭車を連結してガソリン車の運行を開始したので、これを見た組合婦人部長の被告人らは、他の組合員とともに、右ガソリン車の前方線路上に立ち塞がり、通るなら自分をひき殺して通れと怒号し、右生産同志会会員Aらに対し多衆の威力を示して運炭車の進行を停止させ運炭業務を妨害したという事案である。第一審福岡地裁飯塚支部は、正当な争議行為の範囲内の行為であるとして無罪判決を下したところ、

［第二審、福岡高裁昭和24年3月17日判決、刑集10巻12号1626頁］福岡高裁は、検察官の控訴を受け、期待可能性を欠くとして責任阻却を認め、無罪の結論を維持した。その理由として、①組合の要求は妥当であり経営者のこれに対する態度は不誠実であったこと、②生産同志会は経営者側との不純な動機から同志を裏切り同盟罷業を妨害したもので、これに対する被告人らの憤慨も無理からぬもの、③被告人は組合幹部の指揮に従ったものであること、④被告人が線路上に行く前に、すでに他組合員によって運炭車の進行が阻止されていたことなどを考慮して、「かかる主観的、客観的条件の下に被告人に対し、

右のごとき所為に出ないことを期待することは、一般通念により可能なりと認め難く、従ってその所為について被告人に対しその責任を追及し、罪責を負わしめるのは条理上相当なりと言い得ないので、被告人の右所為が他の婦人たちの所為と相俟って右A等の業務、進んでは経営者の業務を妨害する結果を惹起して居ても、その所為に対する責任を阻却するものとして被告人に対し無罪の裁判をするのを相当と認め」るとしたのであった。

　［最高裁昭和31年12月11日判決、刑集10巻12号1605頁］最高裁は、検察官の上告論旨である原判決がなぜ期待可能性がない場合に刑事責任が排斥されるのか、成法上とのつながりにおいて明示してその法的根拠を十分に明示していないのは理由不備、判断遺脱の違法があるとの主張に対して、「期待可能性の不存在を理由として刑事責任を否定する理論は、刑法上の明文に基づくものではなく、いわゆる超法規的責任阻却事由と解すべきである。従つて、原判決がその法文上の根拠を示すことなく、その根拠を条理に求めたことは、その理論の当否は別としても、なんら所論のような違法があるものとはいえない」としつつも、原判決の認定事実によれば、本件被告人の行為は「かかる情況のもとに行われた被告人の判示所為は、いまだ違法に刑法234条にいう威力を用いて人の業務を妨害したものというに足りず、それゆえ被告人の所為について罪責なしとして無罪の言渡しをした原判決は、結局において正当である」として原審の下した無罪の判決を維持した。

　すなわち、原判決が被告人の行為に対し被害が軽微だとか強調されることなく、責任阻却事由としての期待可能性を労働争議事件に認めたことに対して、最高裁はこれを否定し（本件に関する垂水判事の補足意見）可罰的違法論の立場に立ち無罪判決を下したと評価できよう。

　③　について、代表的なものとしては、第五柏島丸事件（大審院昭和8年11月21日判決、刑集12巻2072頁）があげられる。

　［事実の概要］被告人は港運業者に雇われその所有の発動機船第五柏島丸の船長として海軍工廠まで職工の旅客運搬に従事していた。海軍工廠に出勤する職工は多数にのぼるのに反し、交通機関である船舶数は少なく、職工らは

出勤時刻に遅れないよう船員の制止を聞かず、その取り締まりに当たる警官も出港時刻の励行のみに専念し定員を著しく超過する状況（定員の5倍強）で出発したため、後方から追い越してきた他の発動機船の追波を受け乗客の一部が飛沫を避けようとして移動した途端に同船は転覆して乗客の一部が死傷した。ただし、かねてより雇主は被告人の再三に及ぶ注意にもかかわらず船長に多数の乗客を乗せるように命じていた。原審広島控訴院は刑法129条2項所定の業務上過失艦船覆没罪と211条所定の業務上過失致死傷罪の成立を認め被告人を禁錮6月に処した。

　［大審院昭和8年11月21日判決、刑集12巻2072頁］ところが、大審院は原審の事実認定を踏まえ「原審カ之ニ禁錮刑ヲ科シタルハ相当ナルカ如シト雖、被告ノ当公廷ニ於ケル供述及本院ノ取調ヘタル証拠ニ徴スレハ、本件発生当時判示音戸町及其ノ附近村落ヨリ呉市海軍工廠ニ通勤スル職工夥シク多数ナルニ反シ交通機関タル船舶少ク、職工孰レモ出勤時刻ニ遅ルルヲ厭ヒ、先ヲ争ヒテ乗船シ船員ノ制止ヲ肯セサル」情況に加えさらに「取締ノ任ニアル警官亦出航時刻ノ励行ノミニ専念シ、定員ニ対スル乗客数ノ取締ハ職工通勤ノ関係上寛ニ失セサルヲ得サリシ事情アリタル」に加え、船主は「船長タル被告人ノ再三ノ注意モ更ニ用ユルトコロナク、多数ノ乗客ヲ搭載セシメタル事実ヲ認メ得」る情況であって、「被告ノミノ責任ナリトシテ之ニ厳罰ヲ加フルニ付テハ、大ニ考慮ノ余地アリ」とした上で、「被告ノ資産乏シク収入僅少ナル事情ニ鑑ミ罰金額ヲ参百圓ト量定」する判決を下した。

　本件は、判決に取り上げられている諸事情から、瀧川博士、草野判事らによって期待可能性の考え方により刑の軽減を認めたものと理解することに肯定的に受け止められ、瀧川博士はさらに責任阻却に進むにもはや一歩であるとされ[24]、草野判事は責任阻却の承認までは前途遼遠とせられた[25]。わたくしは、その後の上級審の判例の動向を鑑みるに、草野判事に与し、以下に述べる理由により、前途遼遠と観測する。もっとも、期待可能性論が刑法37条1項但書、66条等を根拠に量刑において機能すると考える余地はある。

24　瀧川幸辰『最近の大審院刑事判例研究』（政経書院、1935年）47頁以下。
25　草野豹一郎『刑事判例研究』（3巻、巌松堂書店、1940年）57頁。

　これまで最高裁判所の判例に現れた事例を分類してみると、以上の３つの類型に区分される。もしこの傾向が将来も変わりは無いと推断することが許されるのであれば、責任阻却事由としての期待可能性論の活躍を見ることは前途遼遠とみるほかないのであろう。学説は概ね責任阻却事由として期待可能性論に賛成のようだが、わたくしには戦後大きなえん罪を惹起した【事例】菅生事件（戸高巡査部長事件）においてこれが悪用された歴史的事実を看過することができないのである。本件は、昭和27年６月２日深夜、菅生村の巡査駐在所でダイナマイト入りのビール瓶が爆発し、建物の一部が破壊された事件である。共産党員数名が逮捕・起訴された。一審の大分地裁は、被告人全員が事件への関与を否定し無罪を主張したものの、全員有罪の判決。その後の弁護団などの調査で現職警察官が関与していることが露見して、二審福岡高裁では被告人全員に本件駐在所爆破事件の件では無罪判決が下された。この現職警察官はその後爆発物取締罰則違反の罪で起訴されるが、かねて行っていた本件での共産党組織への潜入捜査の職責から「期待可能性はない」とされ一審の大分地裁判決では無罪となった（大分地裁昭和33年８月４日判決、高裁刑集12巻７号794頁）。期待可能性論は使い方によっては予断を禁じ得ない。期待可能性が「人間らしさの感情を法解釈に持ち込むもの」との好意的指摘もあるが[26]、さような感覚に頼るのも課題が残るのではあるまいか。

　わたくしは、垂水判事の説示された「法は不能を強いない」とする立場に立ち、期待可能性に関わる事案を構成要件該当性あるいは違法性阻却事由、刑の減免情状酌量での処理を目指すのが妥当と考える[27]。

四　私見の立場

　私見を疎明して稿を閉じたい。

26　曽根威彦ほか『重点課題刑法総論』［岡上雅美執筆］（成文堂、2008年）118〜119頁。
27　なお、期待可能性を責任論に配置することに懐疑的であった先行研究として、荘子邦雄、内田文昭両博士の研究がある。荘子邦雄『犯罪論の基本思想』（有斐閣、1979年）97頁以下、同『刑法総論』（３版、青林書院、1996年）306〜307，400頁以下参照、内田文昭『刑法概要中巻［犯罪論(2)]』（青林書院、1999年）294頁以下。

（1）わたくしは、違法性評価につき社会秩序無価値説をとっている。その骨子は、その時その場所で、①その行為と同種の行為が適法とされるのであれば、その種の行為を放任することから当該構成要件ごとに規定されている各法益が保全される社会秩序の実現にとり価値的にいかなる結果が生じるか、逆に②その行為と同種の行為がなされることを禁止命令、すなわち違法としたのならば、その種の行為が禁止命令されることから当該構成要件によって規定される各法益が保全される社会秩序の実現にとりいかなる結果が生じるかを考察し、もし①の方が②よりプラス効果が大きいかまたはマイナス効果が低いと裁判所が評価するのであれば、その種の行為全般は一般に適法、それゆえに当該事案につき評価の対象下に置かれている個々の具体的な行為についても適法と評価を下し、他方、①と②のプラス効果とマイナス効果とが真逆、すなわち、②の方が①よりプラス効果が大きいかまたはマイナス効果が低いと裁判所が評価するのであれば、その種の行為全般は一般に違法、それゆえに当該事案につき評価の対象下に置かれている個々の具体的な行為についても違法と評価を下すべきであると考えていることは前章[28]においてすでに述べたとおりである。

　『その時その場所で』とは、ふるくから團藤重光博士の説かれた構成要件や違法性、有責性の評価における評価の資料に学んで取り入れたものであって、従来、期待可能性論で用いられる「行為事情の異常性」における『行為事情』に関係し、評価の対象である行為とは区別するかたちで、責任評価についてだけでなく、行為の構成要件や違法性の評価において斟酌される。團藤博士はこの間の事情について次のように説かれている。いわく「構成要件的評価についていえば、たとえば、玩具のピストルを突きつけることが強盗罪の構成要件の中の『脅迫』という要件にあたるかどうかを判断するには、犯行の時刻・場所その他四囲の情況にまたなければならない。このばあい、突きつける行為は構成要件的評価の対象たる事実であるが、四囲の情況はその資料たる事実である。違法性判断についていえば、たとえば、強盗犯人の

28　中野正剛「不能犯論─客観的危険説を基点とした多元的不能犯論」酒井安行ほか『国境を越える市民社会と刑事法』（現代人文社、2019年）124ページ以下［本書68〜69頁］。

侵入を防ぐためにこれを負傷させたとしよう。違法性判断の対象となる事実
はその傷害行為であるが、違法性判断のためには正当防衛の要件をみたす事
実が存在したかどうかをみなければならない。正当防衛の要件をみたす事実
の存在は、違法性の有無を左右するから、まさしく違法要素であるが、それ
は違法性の判断の対象ではなくて、その資料となる事実にほかならない。最
後に責任についていえば、たとえば、極貧の未亡人が病児の栄養のために1
個の卵を窃取したとしよう。責任判断の対象となるのは卵を窃取した事実で
あるが、非難可能性の有無は家庭事情その他をも資料とすることによっては
じめて可能である。(中略) 違法性判断・責任判断の資料となる事実は、決し
て単にその判断に際しての参考資料というだけのものではなく、実に、違法
性・有責性そのものの有無・強弱を左右するものであることを見誤ってはな
らない」と[29]。

（2）さて、従来責任阻却事由としての期待可能性の問題として一般的に考
えられてきた事例について考えてみよう。（a）緊急避難、（b）義務の衝突、
（c）抵抗不能な心理的強制や上官の違法拘束命令における部下の服従義務の
各ケースが考えられる。なお、（b）は、緊急避難では行為者が法益に対する
危難を受け入れて避難行為に出ない選択肢も残されているのに対して、義務
の衝突では2つ以上の相容れない義務の同時履行を迫られた行為者が、やむ
なく一方の義務を放棄するしか選択の余地のない場合をいう。（c）は緊急行
為に当たらないが、事例としては、銃を突きつけられて犯行を強制された場
合のように、適法行為の期待可能性がないとされる場合、軍隊内で上官の命
令に従属する場合のように組織内の上下関係から違法行為を義務づけられた
ときには、その命令を遵守した部下に期待可能性がないとされる場合が問題
にされる。

（a）緊急避難

　複数の法益中のどれかを救おうとすれば他の法益を侵害しなければならな
い場合になぜその法益侵害が犯罪にならないのか。他人の犬に噛みつかれそ

29　團藤・前掲注3）102頁。

うになったとき、やむなくこれを射殺した場合とか、船が沈没して溺れかけた乗客がすでに一人用の浮き輪に掴まっている他の乗客を無理矢理押しのけて助かったが押しのけられた乗客は溺死したなどの場合である。今日の通説である法益侵害説を前提にしてその不処罰を導こうとすると困難な状況に陥る。法益衡量説の立場をとると、犬の事例では法益に質的大小の区別があり無罪の理由はつくが、人の生命同士のように法益に質的大小の区別のない場合には立ち往生である。ゆえに、現に法益が侵害されているのになぜ無罪とされ、あるいは刑が減軽・免除されるのか、法益侵害説に立つ限り説明が困難になる。そこで始めに戻り、かかる場合の緊急避難は違法であると解するのほかはないが、それなら処罰するまでに至らない理由は責任の欠缺に求めざるを得ない。責任論で責任能力と故意過失とがあれば通常は有責としてよいが、この場合の緊急避難では行為者に故意過失、責任能力もあるので責任がないということはできない。それでやむなく責任能力、故意過失のほかに「適法行為の期待可能性」という第3の責任要素を案出し、緊急避難の場合には行為者に適法行為を期待できないから責任がないと説明をするに至った（免責的緊急避難）。自分が溺れ死ぬのを承知で他人から浮き輪を奪わないことを期待するのは無理であるから責任がないというのである。

　そこでまずこの理論の難点を述べてみよう。

　他人の浮き輪を奪いとることを自制して自分が助からない行為を選択したり、他人の犬にかみ殺されそうになるのを我慢して犬を射殺しない行動を選択することは期待できないというが、誰に対して期待できないのであろう。換言すれば期待しうるか期待し得ないかを誰を標準に判断するのか、は一つの問題である。理論的には期待可能性は責任主義を本質とする責任判断であるとするのならば「その特殊個別化的な人格状況の下でその行為者自身に対し」適法行為を期待しうるかを標準とするべきである（行為者標準説）[30]。だがそうすると、同じように犯罪に向かうことを誘惑する状況下で違法行為を選択した場合でも、行為者が日頃法を熟知し責任感の強い人であれば自己犠牲

30　團藤・前掲注3）329頁、大塚・前掲注12）460頁。

を払ってでも適法行為を期待できるから有責で処罰され、反対に、日頃から
法に無関心で無責任な人であれば自己犠牲を払ってでも適法行為を選択する
などと考えるのも愚かしく、責任がなく処罰を免れることになる。これで
は、刑罰は倫理的感銘効果をあげうるどころか、逆に法の遵守は意味が無い
から捨ててしまえと教えることになる。そこで、行為者標準説に代えて、平
均人標準説をとればいかがであろうか[31]。行為者を平均人に置き換えること
で期待可能性判断はその行為者ごとに下されるべき責任判断の本質とは相容
れないものとなり、責任論は根源的矛盾に陥る。実際上の適用を見ても、佐
伯千仞博士の公開された【事例】ゾルゲ事件（被告人犬飼健がOに貸与したとい
う文書が軍事機密情報を含むとされ軍機保護法違反で起訴された事案）における被告
人犬飼に下された判決内容を見れば明らかである[32]。大審院は被告人を無罪
としたが、その判文中に「仮リニ当時ノ事情上何人ヲシテ被告人ノ地位ニ立
タシムルモ、被告人ノ執リタル措置以外ノ措置ニ出ズベキコトヲ期待スルコ
ト不可能ナリシトスルモ、被告人ノ当時ノ地位責任ト閲歴識見トハ一般人ノ
水準ニ比シ遙ニ特殊且高度ノ戒愼ヲ要求セラレテ然ルベキ事実ニ鑑ミ、単ニ
一般的ナル期待ヲ以ツテ望ムベキ事理ニアラザルモノトス」とあり、一般人
であれば気がつきもしない場合であっても被告人自身であれば国家秘密に当
たると期待できる場合があるとの趣旨を明らかにした。一般人標準説を採れ
ば、一般人よりも能力が上の被告人を無罪とせざるを得なくなる弊害に陥
る。国家標準説あるいは付随事情標準説ではいかがであろうか。佐伯博士は
期待する国家と期待される国民との緊張対立関係が期待可能性論であるとさ
れ、問題がギリギリのところに来れば現存する国家秩序の立場から解決せざ
るを得ないと説く[33]。付随事情標準説は「行為の付随的状況の如何を標準に
せよ」というのである。だが付随事情の客観的存在でなくそれが行為者の動
機形成過程に与える影響が重要であると主張するのであれば[34]、一定の客観

31　植松正『再訂刑法概論Ⅰ総論』（勁草書房、1974年）206頁、西原春夫『刑法総論』（成文堂、
　　1977年）431頁以下。

32　佐伯・前掲注21)480頁以下、佐伯・米田・前掲注11)27頁。

33　佐伯千仞『四訂刑法講義（総論）』（有斐閣、1981年）292頁。

34　瀧川幸辰「期待可能性の理論」刑事法講座（2巻、有斐閣、1952年）276頁以下。

的付随事情は必ずや一定の強さ一定の仕方で行為者の動機形成過程に影響を与えることを証明しなくてはならない。だが実際には性格、境遇、信条、経歴、教養の異なるにしたがい同じ事情が各人の動機形成過程に与える影響の強さ仕方や色合いは当然異なるはずである。

　つづいて、この理論を実際のケースに当てはめた場合に奇妙な結論になることがあるのを指摘してみよう。

　法は期待可能性判断に当たり、ある場合には行為者の社会的地位を考慮するが、またある場合には考慮しないように見える場合が認められる。例えば、博徒仲間の掟として、罪を犯した仲間を庇護したり罪責隠蔽に協力することが強く要求されている場合に、それに逆らうことを博徒ひとりに期待することは極めて困難であろう。だが、法はこの場合、彼のこの様な社会的地位を一切考慮することなく、彼に犯人蔵匿証拠隠滅の罪責を科する。ところが、犯人の親族に対してはその地位を考慮に入れ裁量免刑を認める。博徒の結束は法の好まないところであるからあえて無視するのであるというのかもしれないが、かかる結束があり社会的立場があるのは好悪にかかわらず事実である。事実の正しい認識に基づいて法は期待可能性評価を下すのではあるまいか。繰り返しになり恐縮であるが、前出【事例】菅生事件における戸高公徳巡査部長事件でも、一審無罪判決（大分地裁昭和33年8月4日判決、高裁刑集12巻7号794頁）を見れば期待可能性論はこれを適用する者の考えや立場次第のところがあるのは明らかである。被告人戸高巡査部長によって行われた（旧）爆発物取締罰則に触れる重大な違法捜査が、期待可能性理論の適用によって無罪とされたのである。たしかに期待可能性論を素直に適用するのであれば平均的警察官が戸高巡査部長の立場に置かれた場合、やはり職務に忠実であらんとすれば戸高巡査部長と同じ行動をとること以外には期待できなかったかもしれないであろう。だがそれにしてもその陰でえん罪が生まれていたのも事実であった。大局的に期待可能性の理論を俯瞰すればそれを適用する者の考えや立場次第のところがあるのは避けられないのではないか。これが本章冒頭で記したヒューマニズムの視点のやっかいなところである。社会主義運動から日本を守るのが重要であると当時の世論が考えるのであれ

ば、戸高巡査部長無罪判決もまたヒューマニズムの発露といえるであろう。

　このように期待可能性論は理論面だけではなく現実のケースに当てはめる場合にも奇妙なことになる。

　さて、私見を述べてみよう。法は不能を人に強いない。それゆえ、はじめから行為者が一定の作為不作為にでることを不能にする行為以外の外部的事情があるのであれば、その行為は構成要件該当性を欠き、あるいは違法性が阻却される。たとえば、失業保険法違反事件に対する最高裁判決や三友炭鉱事件に対する最高裁判決の立場が代表的である（三①・②）。

　前者は保険料不納付という構成要件上不作為犯の事案だが、支払うべき保険料が本社からの送金も受けておらず他からも得られる情況になかった事案であり、被告人において保険料納付という作為可能性なく構成要件該当性を欠くという各本条の条文解釈上での解決、後者は被告人の行為時の客観的情況を基礎に置きつつ違法性が阻却されることを示す刑法35条に由来する超法規的違法性阻却事由による解決である。ともに、私見の立場からは妥当な解決と思うが、違法性について私見を明らかにしておきたい。

　社会秩序無価値説の立場によれば、法は不能を人に強いないといえない場合に構成要件該当性が認められ違法性評価に入る。この場合、法はその行為者に適法行為に出ることを期待して一定の作為不作為を禁令することになるが、法の期待に応えることが可能であるということと、それが妥当であるということとは必ずしもストレイトに結びつかない。法の期待に応える行為を一つ一つ取り上げてみたばあい、それがいかにこの現在の社会に有益であるように見えようとも、その期待に応えるため、国民が多大の犠牲を払わなければならないのであれば、その種の行為を全体として見た場合、国民を萎縮させ社会活動を停滞させ、法に対する国民の怨嗟を買い不信を招き、はては法に服従する意識を喪失せしめ、法の権威を動揺させる結果に終る事が予想できる。法は著しく人情にもとるものであってはならない。もっとも、それはある意味で理想であり、社会の諸制度を維持するために、侵害される法益と保全される法益という法益間の権衡を図り、法の期待が極めて重大な社会的利益の増進または保全に関わる場合につき、国民にその可能な範囲内

で、ある程度まで大きな犠牲を要求することは許されると考える。戦場にお
いて兵士に生命の犠牲が期待されるのはその好例だが、それも度を超え、例
えばいかなる場合にも降伏することを許さない（旧・陸軍刑法41条など）とな
ると、弊害のほうがはるかに大きくなることは我々の歴史が教えているとお
りである。一般に近代法において前近代法の権力主義的性格が排斥されて禁
忌されているのは過度の法の期待が結局は一部の階級を利して国民全体の利
益の増進保全にはつながらないことが認識されたからである。況んや、かり
に国民がその期待に応じたとしても、それによって増進され保全される利益
がさしたることもない場合には、法は決してそれを当該行為者のみならず国
民一般に期待してはならないであろう。

　緊急避難を含む、2つ以上の行為から一つを選択せざるを得ない場合、行
為者が自分や第三者の生命、財産や自由を犠牲にしてまで被害者のより大な
らざる財産や自由を救うことを法が命じないのも同じ理由である。生命対生
命の場合であっても変わらない。たしかに、柏木千秋博士によれば、「自己
の生命を救うため他人の生命を奪うなど（カルネアデスの板、ミニヨネット号事
件など）は、『法益』の比較を超えた問題である」とされるが[35]、一般に法が
国民に刑罰威嚇を伴いかかる行為の禁令を要求したとしてどれだけの利益が
あるのだろうか。確かに沈みゆくタイタニック号から海上に難を逃れたレオ
ナルド・ディカプリオが闇夜の波間を漂う船板にともにつかまろうとする人
物を押しのけ海中に沈めようと頭を押さえつけたりしていたが、ハッとそれ
がケイト・ウィンスレットその人であることに気がつくやいなや彼女をじっ
と見つめ、愛しているよと一言だけ残し自分の命を最愛の人に捧げ海の藻屑
となった場合、映画館であればやや失笑を含む満場の拍手を獲得するであろ
う。救われたケイト・ウィンスレットはレオナルド・ディカプリオに感謝す
るかもしれない。だが、それだけのことである。逆に、そのような過度の犠
牲が一般にすべての国民に対して当然のごとく要求される社会というもの
は、国民の行動が過度に抑制され、人々は絶えず何者かの影に用もなくおび

35　柏木千秋『刑法総論』（有斐閣、1982年）180頁註11。

える世界である。かくも大きな犠牲を払って道徳教育のために、二三の美談を勝ち得たとしてもそれが何になるであろうか。法が自分や第三者の命を犠牲にして被害者の命を救うことを当該行為者や国民一般に命じないのは、それを当該行為者や国民一般に期待できないからではないことに注意を払わなければならない。法がそれを期待しない理由は外でもない、一般に国民に対しそれを命じた場合に生じる社会秩序と一般にそれを命じなかった場合に生じる社会秩序とを比較衡量し、後者を遙かに価値ありと考えるからである。この意味で、自分や第三者の生命を被害者のために犠牲にすることを法が期待するのは妥当でないのである。自分や第三者の財産、自由を犠牲にして、被害者の、より大ならざる財産、自由を救うことを法が命じないのも同じ理由による。これが、社会秩序無価値説である。

（b）義務の衝突

　同じ関係は、義務の衝突にもいえる。幼子二人を抱えた父親が川遊びをさせていたとしよう。父親が気づいたときには二人同時に別々の離れた場所で溺れはじめ、二人ともに助け出そうとしても、浮き輪もない、他に誰もいない状況下で救助義務を尽くして一人を小脇に抱え岸辺にたどりついたが、もう一人にはついになすすべもなく死にゆく様を認容しながら絶望にくれた父親に、救えなかった命に対し不作為による殺人罪や過失致死罪に問うことは違法論として可能であろうか。これも、社会秩序無価値説によれば、（a）と同じ理由から、期待可能性ではなく、違法性がないと判断することになる。父親は命を賭して二人の子どもたちを救命する義務を負わされるとするならば、結果として偶発的に起きやすい川遊びなどもしてはいけないと法は一般に命じざるを得ないことになり、特別に念入りに救命装置をあつらえた河川以外での川遊びは凡そ禁止され子どもとのふれあいが制限されたとても窮屈な世界に我々は住まざるを得なくなるからである。

（c）抵抗不能な心理的強制や上官の違法拘束命令における部下の服従義務

　1）抵抗不能な心理的強制や2）拘束力ある上官の違法命令に服従する義務が部下にあるかという問題にも同様のことが当てはまる。

　1）両腕を捕まれて強制的に被害者に向け拳銃の引き金を引かされる場合

にはその行為者には行為性がないとして罪に問われないのは異論がないと思われる。また行為者自身の中に元々存在しそれが外界の出来事によって心理上強制的に生じた場合（内部的な心理的強制）、例えば外部の出来事に刺激を受けた結果行為者の激情や信念などから一定の行動が強制された場合には責任能力の問題領域として扱われるべきである。

　ところが、第三者による脅迫や挑発などによって強制的に行為に出た場合如何がここでの期待可能性の問題となる。緊急避難とのちがいは、行為者によるその行為が緊急行為に当たるか否かの点に求められる。そこで緊急行為に当たらないとの前提で、逃走する術や脅迫してきている相手を説得すべき術、警察に助けを求める術もすべてが奪われた状況下に置かれたうえで、近くにいる友人を殺害しなければお前も殺す、殺害すればお前を解放するつもりだが時間を充分与えるからよく考えておけと言われたにとどまるのだが、本人としてはかくなる状況下で心理的に追い詰められた結果として、やむなく友人を絞殺した場合はいかがであろうか。違法行為に対する抵抗の可能性を一切排除された状況下であれば、それにもかかわらず違法行為を行わないようにあらゆる手を尽くして抵抗せよと法が命じることはできないのではないか。もしこの様な状況下におかれても抵抗せよと法が命じることを容認する世界に我々は身を置くことができるであろうか。否とし違法性がないとして無罪とせざるを得まい。

　おなじ理屈は第三者によって強要された緊急避難のケースでもあてはまる[36]。この場合、強要された行為に及ぶことが実際唯一無二の行動であったのか、慎重に精査する義務を裁判所が負うことは言うまでもない。誘拐犯に娘を誘拐されたうえ、彼から娘の命を助けたければ速やかに銀行強盗をせよと強要されやむなく銀行強盗に及んだXの銀行強盗事例を例に考えてみよ

36　被害者を殺さなければお前を殺すと教祖から強要されて、これにしたがった行為者は自己の自由に対する危難を避けようとしたにすぎないから過剰避難に該当するとされた判例があるが、これなども社会秩序無価値説によれば、警察に助けを求めたり現場からの逃走を企てたり教祖を説得する余地すらまったくはく奪されたうえで生か死かの二者択一の情況下に追い込まれていたのであれば無罪となるだろう。オウム真理教団リンチ事件：東京地裁平8年6月26日判決、判時1578号39頁。

う。Xの銀行強盗は誘拐犯から強要されたものであり、警察に助けを求めたりなどほかに抵抗するすべがXに一切残されていなければ「違法性」がなく無罪とせねばならない。だからといって誘拐犯人も当然無罪となるかは別である。なお、危難を転嫁された銀行側はXに対し、対抗可能かを考えてみよう。結論から先に述べれば、転嫁された危難を銀行側が受忍する義務があるかによって決するものと考えている。正当防衛による場合であれば、権利行為であるから、相手方には受忍義務があるので対抗できない。他方、緊急避難にあたる場合はどうか。緊急避難では正当防衛とは異なり必ずしも権利行為に当たらないので、基本的に危難を転嫁される相手には受忍義務は存在しないといえる[37]。この場合、これを緊急避難で対抗できると構成するのか、Xの銀行強盗は可罰的違法性がないだけで一般的違法性はあるとして正当防衛によって対抗できると構成するのかはひとまず置いて、銀行側に受忍義務がないことを根拠に、Xに反撃することは許容されるべきであり、反撃することなくXの行動に手をこまねいて黙視する必要は銀行側にはないといえよう。かりに、反撃は許容されないと解するならば、受忍義務のないケースでは、子を思う親の立場を悪用する誘拐犯人の跋扈を促す結果ともなりうるからである。社会秩序無価値説の立場によるのならば、この場合のXには自分の娘の命を助けるためにやむなく強要された銀行強盗を実行して銀行の資産を奪取したわけだから、Xには違法性がないとして緊急避難が成立するとみてよかろう。そして、転嫁される危難を受忍する義務なき銀行側にはXの銀行強盗を避止することでXの娘の命がなきものにされても何ら刑事責任を負担するものではないと考える。

　２）拘束力のある上官の違法命令に従属する部下の服従義務はいかがであ

37　受忍義務の存否により違法性阻却事由を分類する佐伯教授にならえば、①法益侵害それ自体が正当化されており、相手方は法益侵害それ自体を受忍する義務のある刑の執行や逮捕行為の場合には法益主体は逃げることもできない、②目的達成に必要な限度で法益侵害が正当化されており相手方は目的の達成を妨害できない（正当防衛も緊急避難もできないが逃げることはできる）場合として正当防衛があるとされ、さいごに③正当防衛で対抗できないだけである場合（逃げることも緊急避難で対抗することもできる）の緊急避難があるとされる。佐伯仁志『刑法総論の考え方・楽しみ方』（有斐閣、2013年）183～184頁。本事例では、③のケースに当たる。

ろうか。例えば軍隊や公法上の命令権者と服従義務者との間でこの問題は顕著な形で現れる。組織内の上下関係から違法行為を義務づけられたときには、その命令を遵守した部下の行為には期待可能性がないとされる。この場合、違法な命令に従うことが適法であり、従わないことが違法となる場合があるということを前提にしており、法益侵害説の立場に立てば矛盾である。命令が違法なのはそれが法益侵害を命じているからで、したがって命令に従うことも法益侵害に当たり当然違法のはずである。軍隊や公法秩序は上命下服関係が確立していることで初めて維持される。そこでは服従義務者の自主的行動が制限される。上官の命令に単に妥当でないからという理由だけから従わないことは許されない。それをもし許せば軍隊や国家の活動が麻痺する。上官の下した命令が「違法」である場合にも、その違法がどの程度客観的か、重大か、緊急かにより、服従を拒否すべきか否かは異なる。社会秩序無価値説の立場によれば、受命当時服従義務者が正確に認識していた事情を基礎に置いて合理的に判断した場合にも違法とされることが確実な命令であれば、服従を拒むことはその違法性が阻却される。その逆に、服従義務者だけが独自にどれほど上官の下した命令を違法と確信していても、受命当時彼が正確に認識していた事情を基礎に置いて合理的に判断した結果適法であることが確実な命令は、たとえそのあとになりその違法が客観的に白日の下にさらされても、受命当時は拘束力があり、それに服従しなければ違法となる。服従していればもちろん適法である。かりに、事後にその命令が違法であったことが明らかにされても、相当因果関係を欠くとされるばあいと全く同じ理由により違法命令に服従した部下である服従義務者は罰せられない。その命令が違法であることが確実と必ずしもいえない中間領域の場合には、その命令が違法である確率が、結果犯につき相当因果関係を認めうるような結果発生の確率程度まで達したときにはその命令に服従することは違法となり、そうでない場合には違法性が阻却される。また、軍隊のような殊に行動に移すことの迅速性が要求されている組織では、相当大きな違法性を持つ危険を含む命令までがその迅速性の前で黙過され服従が適法化されなければならないが、命令の持つ違法性が国家の存立や人類全体の生存のあり方に直接

密接に関係する重大な場合には、服従を違法とせねばならず、逆にその不服従には違法性が阻却されるとせねばならない。要するに、軍隊や国家の公法活動ではその円滑迅速な運営に対する要求とその内容の適正さに対する要求との調和点をどこに置くかで、判断の要点が異なる。

【事例】甘粕事件（第一師団軍法会議大正12年12月8日判決、法律新聞2195号7頁）を取り上げて考えてみよう。

　本事案は、主犯の名を取り甘粕事件と呼称されている。戒厳令下の大正11年9月に起きた無政府主義者大杉栄と内妻と甥に対する殺人事件である。事件の関与者は甘粕正彦大尉のほかその指示で動いた4名である。本件で注目すべきは上官である甘粕大尉の命令に従い甥を殺害した部下2名の罪責である。判決では両名を無罪としたが「罪ヲ犯ス意ナキ行為」であることを根拠にしていた。本件では戒厳令下という特殊事情下で、かつ上官の命令に従って殺人を犯したという特徴を持つ故、これを判決とは別の視点から眺めると上官の命令に従った部下2名は、上官の命令に従えば抗命罪（旧陸軍刑法57条2号）に問われないが殺人罪に問われ、不服従であれば殺人罪に問われないが抗命罪に問われるという事案として構成することも可能であろう。であれば、（b）及び（c）とも関わる問題である。社会秩序無価値説によれば、部下2名は上官の命令に従うか否かの義務の衝突に当たり、しかも服従しなければ抗命罪を犯す以外に選択肢はなく、かつ戒厳令下という評価の資料の下では円滑迅速な命令の遂行こそが優先され部下2名に無罪（殺人罪）の判決を下すことになろう。

五　おわりに

　本章では、團藤重光博士が提唱なされていた評価の資料という概念にヒントを得て社会秩序無価値説という私見をもとに期待可能性論で論議されるいくつかの素材につき考えてみた。また、紙幅の関係からすべての最高裁判例を逐一検討していく作業は省略せざるを得なかった。

　結論としては現在の最高裁の立場を支持し、期待可能性論で論じられる

ケースを量刑事情、構成要件、違法性の各段階で処理することに賛成の立場をとる。

　本章では、とりわけ、期待可能性を責任阻却事由に位置づけることを回避し、違法性阻却事由や構成要件該当性の問題に移行させている。とりわけその行為者に向けられるべき非難の問題を違法性論に解消しようと試みた。従来の結果無価値論の多くが定礎する法益侵害説とはやや異なってみえる社会秩序無価値説の立場から期待可能性を論じることを通じ、このことを明らかにしたつもりである。法益侵害説は無視できないとはいえ、しばしば緊急避難における法益均衡の原則が語られるとき、『具体的事案に即して、法秩序全体の見地から合理的な判断を行うほかない』と述べられることがある[38]。そこでは法益侵害ないしはその危険が基礎にあると思われるが、それだけでは解決につながらない。法の目的として社会秩序の維持を柔軟に考えなければならないといっているのだと思う。わたくしはただ、このことを違法性論において祖述し提案しているにとどまる。本章では、このことを「期待可能性」を例に実質的違法性論に解消しようとしたに過ぎない[39]。

38　前田雅英編『条解刑法』（4版、弘文堂、2021年）141頁。

39　なお立場を異にするが、いつもながら井田良教授によるコメントにはインスパイアされた。期待可能性の理論により責任が減少・阻却が認められる場合の多くは違法性の減少が「前提」となっているという違法性との関係性を是認する指摘である。井田良『講義刑法学・総論』（2版、有斐閣、2018年）423頁。

著者略歴

中 野 正 剛（なかの せいごう）

1961年　横浜市生まれ

1995年　国学院大学大学院法学研究科博士課程後期単位取得退学

現　在　沖縄国際大学法学部・大学院法学研究科教授

　　　　博士（法学）

主要著書

『刑法通論』（1998年、伊藤書店）

『未遂犯論の基礎』（2014年、成文堂）

社会秩序無価値説の構想

2023年12月20日　　初版第1刷発行

著　者　中　野　正　剛

発行者　阿　部　成　一

〒162-0041　東京都新宿区早稲田鶴巻町514番地

発行所　株式会社　成　文　堂

電話 03(3203)9201　Fax 03(3203)9206

http://www.seibundoh.co.jp

製版・印刷　藤原印刷　　　　　　　製本　弘伸製本

©2023　S. Nakano　　　　　　Printed in Japan

☆落丁・乱丁本はおとりかえいたします☆ 検印省略

ISBN978-4-7923-5409-1　C3032

定価（本体2,700円＋税）